中国共产党伟大精神丛书编委会

主　　任：姜　辉
副 主 任：辛向阳
编　　委：姜　辉　辛向阳　李正华
　　　　　樊建新　杨明伟　龚　云
　　　　　林建华　刘志明　杨凤城
　　　　　李佑新
执行主编：陈志刚

中国共产党伟大精神丛书

甘祖昌精神

王钰鑫 吉铠东 ◎ 编著

人民日报出版社
北京

图书在版编目（CIP）数据

甘祖昌精神 / 王钰鑫，吉铠东编著 . —北京：人民日报出版社，2020.11
ISBN 978-7-5115-6598-3

Ⅰ . ①甘… Ⅱ . ①王… ②吉… Ⅲ . ①甘祖昌（1905-1986）－先进事迹－学习参考资料 Ⅳ . ① K825.2

中国版本图书馆 CIP 数据核字（2020）第 199910 号

书　　名：	**甘祖昌精神**
作　　者：	王钰鑫　吉铠东
出 版 人：	刘华新
责任编辑：	周海燕　马苏娜
封面设计：	墨航工作室
出版发行：	人民日报出版社
社　　址：	北京金台西路 2 号
邮政编码：	100733
发行热线：	（010）65369509　65369527　65369846　65363528
邮购热线：	（010）65369530　65363527
编辑热线：	（010）65369518
网　　址：	www.peopledailypress.com
经　　销：	新华书店
印　　刷：	大厂回族自治县彩虹印刷有限公司
开　　本：	710mm×1000mm　　1/16
字　　数：	210 千字
印　　张：	12.5
版　　次：	2021 年 6 月第 1 版
印　　次：	2021 年 6 月第 1 次印刷
书　　号：	ISBN 978-7-5115-6598-3
定　　价：	39.80 元

总　序

伟大精神铸就伟大政党
—— 百年大党永远年轻的精神密码

姜　辉

习近平总书记指出："人无精神则不立，国无精神则不强。精神是一个民族赖以长久生存的灵魂，唯有精神上达到一定的高度，这个民族才能在历史的洪流中屹立不倒、奋勇向前。"[①] 一百年来，中国共产党为什么能够在革命、建设和改革的各个时期成为时代先锋、民族脊梁，能够带领中国人民取得一个又一个胜利，创造一个又一个奇迹，就在于中国共产党不仅有科学理论的指导，还在于中国共产党领导人民在实践中锻造、培育了一系列伟大精神。这一系列伟大精神，鼓舞和激励着中国人民不断攻坚克难、从胜利走向胜利，成就了中国共产党永远年轻有力、永远立于不败之地的精神密码。在中国共产党百年诞辰之际，回顾中国共产党伟大精神发展历程，梳理中国共产党人的精神谱系，破译中国共产党人永远年轻有力、永远立于不败之地的精神密码，对于进一步增强"四个意识"、坚定"四个自信"、做到"两个维护"，筑牢信仰之基、补足精神之钙、把稳思想之舵，把14亿中国人民凝聚成推动中华民族伟大复兴的磅礴力量，具有十分重要的意义。

[①] 习近平：《在纪念红军长征胜利80周年大会上的讲话》，《人民日报》2016年10月22日。

一、中国共产党在各个历史时期奋斗中锻造、积淀、培育的伟大精神，是一脉相承、与时俱进的精神谱系

伟大的事业需要伟大的精神，伟大的政党培育伟大的精神，伟大的精神铸就伟大的政党。中国共产党伟大精神是党领导人民在各个历史时期奋斗中锻造、积淀、培育的。这些精神之所以伟大，因为它不但是建立在马克思主义这一科学信仰的基础之上，而且是在无数中国共产党人攻坚克难、艰苦奋斗的基础上沉淀而成的。毛泽东同志曾说："自从中国人学会了马克思列宁主义以后，中国人在精神上就由被动转入主动。从这时起，近代世界历史上那种看不起中国人，看不起中国文化的时代应当完结了。"[①]有了科学理论的指导，有了伟大精神的激励，人民的信仰就会无比坚定，行动就会无比自觉，改造世界的力量就会无比强大。

截至目前，中国共产党的伟大精神，有明确命名、广为传播的就有40多种。在新民主主义革命时期，主要有红船精神、井冈山精神、苏区精神、大别山精神、照金精神、遵义会议精神、长征精神、东北抗联精神、抗战精神、南泥湾精神、白求恩精神、延安精神、沂蒙精神、红岩精神、西柏坡精神，等等。在社会主义建设时期，主要有抗美援朝精神、好八连精神、大寨精神、大庆精神、铁人精神、红旗渠精神、兵团精神、北大荒精神、乌兰牧骑精神、西迁精神、"两弹一星"精神、雷锋精神、焦裕禄精神、甘祖昌精神，等等。在改革开放时期，主要有改革开放精神、特区精神、女排精神、孔繁森精神、抗洪精神、抗击非典精神、抗震救灾精神、北京奥运精神、载人航天精神、劳模精神，等等。在新时代，主要有塞罕坝精神、右玉精神、新丝路精神、企业家精神、科学家精神、工匠精神、新时

[①]《毛泽东选集》第4卷，人民出版社1991年版，第1516页。

代北斗精神、抗疫精神、探月精神、脱贫攻坚精神，等等。

中国共产党的这些伟大精神一般以重要地点、重要事件、重要人物、重要群体来命名，炫目多彩，前后相接，相互联系，相互贯通，激荡人心，展现了中国共产党人的精神坐标，树立了各个时期中国共产党人的集体形象和先进榜样，形成了一脉相承、与时俱进的精神谱系，为我们立党兴党强党提供了丰富滋养。

（一）中国共产党的伟大精神不是凭空产生的，它是对中华民族伟大精神的继承发展

马克思曾指出："人们自己创造自己的历史，但是他们并不是随心所欲地创造，并不是在他们自己选定的条件下创造，而是在直接碰到的、既定的、从过去承继下来的条件下创造。"[1] 中国共产党是中华民族伟大精神的自觉继承者、弘扬者、践行者，在5000多年文明中形成的中华民族的伟大精神，是滋养中国共产党伟大精神不断丰富发展的源泉。

在人类历史的长河中，有很多文明辉煌之后就被淹没，只有中华文明不但历史悠久、灿烂辉煌，为人类作出了卓越贡献，而且保持5000多年绵延不断，从远古一直延续发展到今天。习近平总书记明确指出："为什么中华民族能够在几千年的历史长河中生生不息、薪火相传、顽强发展呢？很重要的一个原因就是中华民族有一脉相承的精神追求、精神特质、精神脉络。"[2] "支撑我们这个古老民族走到今天的，支撑五千多年中华文明延绵至今的，是植根于中华民族血脉深处的文化基因。"[3] 2018年3月，在第十三届全国人民代表大会第一次会议上的讲话中，习近平总书记进一步强调："中国人民的特质、禀赋不仅铸就了绵延几千年发展至今的中华文明，

---

[1]《马克思恩格斯文集》第2卷，人民出版社2009年版，第470-471页。
[2]《十八大以来重要文献选编》（中），中央文献出版社2016年版，第133页。
[3]《十九大以来重要文献选编》（上），中央文献出版社2019年版，第109页。

而且深刻影响着当代中国发展进步,深刻影响着当代中国人的精神世界。中国人民在长期奋斗中培育、继承、发展起来的伟大民族精神,为中国发展和人类文明进步提供了强大精神动力。"① 习近平总书记把内涵丰富的中华民族的伟大民族精神高度概括为"伟大创造精神""伟大奋斗精神""伟大团结精神"和"伟大梦想精神"。习近平总书记对伟大民族精神的高度概括,深刻地揭示了中华文明独特的精神实质,破解了中华文明连绵不绝的精神密码。这些伟大精神,铸就了中华文明区别于其他文明的独特价值和独特优势,"有这样的伟大民族精神,是我们的骄傲,是我们坚定中国特色社会主义道路自信、理论自信、制度自信、文化自信的底气,也是我们风雨无阻、高歌行进的根本力量"②。

一百年来,在革命、建设、改革和新时代的伟大实践中,中国共产党人弘扬"伟大创造精神""伟大奋斗精神""伟大团结精神"和"伟大梦想精神",敢为人先,战胜一切艰难险阻和风险挑战,创造性地开辟了中国革命道路和中国特色社会主义道路,不断推进理论、制度、实践、科技等方面的创新,不断实现人民对美好生活的向往,不断开拓新局面、书写新篇章、创造新辉煌,经过短短的70多年社会主义现代化建设就取得了西方资本主义发达国家二三百年现代化所取得的成就,创造了人类发展史上的伟大奇迹。

(二)中国共产党的伟大精神在伟大实践中不断锻造、丰富发展,引领着历史发展的方向

伟大实践积淀锻造伟大精神,中国共产党领导下的革命、建设、改革的伟大实践是产生伟大精神的基础;伟大精神又在引领、推动伟大实践中不断丰富、发展。在革命时期,中国共产党人以红船精神开辟了中国历史的新篇

---

① 《十九大以来重要文献选编》(上),中央文献出版社2019年版,第387页。
② 《习近平谈治国理政》第3卷,外文出版社2020年版,第142页。

章。在此后的斗争中,中国共产党为了战胜各种困难,根据不同阶段的历史任务和现实需求,又锻造了一系列各有特色的伟大精神。如在井冈山时期,毛泽东同志开始了"农村包围城市、武装夺取政权"的革命道路新探索,针对一些人提出的"红旗到底能打多久"的疑问,毛泽东同志旗帜鲜明地提出了"星星之火、可以燎原"的论断,坚定了广大红军指战员的信心。在中央苏区,毛泽东同志等提出和概括了苏区干部好作风,要求党员干部进行学习。在延安时期,在1942年12月,毛泽东同志在中共中央西北局高级干部会议上做了《经济问题与财政问题》的报告,明确指出:"延安县同志们的精神完全是布尔什维克的精神""他们完全不怕困难""没有一件事不是实事求是的""希望全边区的同志都有延安同志这样的精神"①。在党的七届二中全会上,毛泽东同志郑重地告诫全党:"务必使同志们继续地保持谦虚、谨慎、不骄、不躁的作风,务必使同志们继续地保持艰苦奋斗的作风。"②"两个务必"作为西柏坡精神的核心,反映了在革命即将胜利之际,面对工作重心转移的新形势新任务,以毛泽东同志为核心的中央领导集体对全党同志在精神上的新要求。

新中国成立伊始,中国共产党就派出了中国人民志愿军,经过浴血奋战,赢得了抗美援朝战争的伟大胜利,抵御了帝国主义侵略扩张,捍卫了新中国安全,保卫了中国人民和平生活,稳定了朝鲜半岛局势,维护了亚洲和世界和平,铸就了伟大的抗美援朝精神。此后,党领导人民以无比的热情投身于社会主义建设的热潮之中,又涌现了一系列新的精神标杆。在农业、工业领域,涌现了大寨、大庆的典型,党中央适时提出了"农业学大寨、工业学大庆"的口号,全国掀起学习大寨精神、大庆精神、铁人精神的热潮。在军队建设上,1963年8月1日,毛泽东同志还赋诗《八连

---

① 《毛泽东文集》第2卷,人民出版社1993年版,第458—459页。
② 《毛泽东选集》第4卷,人民出版社1991年版,第1438—1439页。

颂》，对"南京路上好八连"予以高度赞扬，推动了好八连精神的学习，给军队建设确立榜样。与此同时，为了推进党风政风民风建设，一批时代楷模被广为宣传，如爱憎分明、敬岗爱业、乐于助人的精神标兵——雷锋，亲民爱民、艰苦奋斗、无私奉献的人民好公仆——焦裕禄，等等。在这些精神的鼓舞下，中国共产党领导人民战胜了重重困难，基本建立了独立的、比较完整的工业体系和国民经济体系，"在工农业和科学技术方面打下了一个初步的基础，也就是说，有了一个向四个现代化前进的阵地"[①]。

在改革开放的伟大实践中，在继承革命精神的基础上，以爱国主义为核心的民族精神和以改革创新为核心的时代精神成为时代最强音，在各个领域中得到践行、体现。适应改革开放的新形势新要求，中国共产党又适时地倡导了一系列伟大精神，如敢闯敢试、敢为人先、埋头苦干的特区精神，在体育比赛中敢于为国争光、顽强拼搏的中国女排精神，在科学探索中特别能吃苦、特别能战斗、特别能攻关、特别能奉献的载人航天精神，体现了焦裕禄式的好干部、时代先锋、领导干部楷模的孔繁森精神，以及在战胜重大自然灾害中所涌现的抗洪抢险精神、抗震救灾精神等。在这些伟大精神的推动下，中国共产党领导人民解放思想、实事求是、敢闯敢试，干出了一片新天地，成功地应变局、平风波、战洪水、防非典、抗地震、化危机，取得了举世瞩目的成就。

进入新时代，为了决胜全面小康、建设社会主义现代化强国、实现中华民族的伟大复兴，以习近平同志为核心的党中央提出了"五位一体"总体布局和"四个全面"战略布局。为了迎接新时代的新挑战，习近平总书记高度重视精神文明建设，在强调继承弘扬革命先辈的革命精神的基础上，又提出和倡导了一系列新的伟大精神，如推进生态文明建设的精神标

[①]《邓小平文选》第2卷，人民出版社1994年版，第232页。

杆——塞罕坝精神、右玉精神;积极建设世界主要科学中心和创新高地的精神标杆——新时代北斗精神、科学家精神、探月精神;积极推进"一带一路"建设、构建人类命运共同体的精神标杆——新丝路精神。为了促进高质量发展,深入实施科教兴国战略、人才强国战略、创新驱动发展战略,《中共中央关于制定国民经济和社会发展第十四个五年规划和二〇三五年远景目标的建议》明确提出,"弘扬科学精神和工匠精神,加强科普工作,营造崇尚创新的社会氛围"①。另外,在精准脱贫的攻坚战中,广大党员干部还铸就了不可磨灭的脱贫攻坚精神;在同新冠肺炎疫情的殊死较量中,"中国人民和中华民族以敢于斗争、敢于胜利的大无畏气概,铸就了生命至上、举国同心、舍生忘死、尊重科学、命运与共的伟大抗疫精神"②。这些伟大精神,铸就了全面建成小康社会的伟大成就,开启了全面建设社会主义现代化国家的新征程。

中国共产党伟大精神,是中国共产党人的世界观、人生观、价值观的生动展示,是百年来中国共产党人接续奋斗、从弱到强、不断发展壮大的集体记忆和精神坐标,是在中国革命道路、社会主义建设道路、改革开放道路上不断树立起来的一座座历史丰碑。

二、中国共产党的伟大精神是党的性质、宗旨和理想信念的集中体现

中国共产党的伟大精神,是中国共产党锻造、倡导、培育的,因此,深深地打上了党的性质、宗旨和理想信念的烙印。中国共产党百年来形

---

① 《中共中央关于制定国民经济和社会发展第十四个五年规划和二〇三五年远景目标的建议》,人民出版社2020年版,第12页。
② 习近平:《在全国抗击新冠肺炎疫情表彰大会上的讲话》,《人民日报》2020年9月9日。

成的伟大精神，因为滋生其成长的实践环境各有不同，因而在内容上丰富多彩，各有特色。但这些伟大精神在根本内涵上又具有高度的一致性，都集中体现了党的性质、宗旨和理想信念。信念坚定、爱国主义、艰苦奋斗、勇于奉献、改革创新，是贯穿中国共产党伟大精神谱系的主线，也是中国共产党伟大精神的共同特征。其中，信念坚定是支柱灵魂，爱国主义是恒久核心，艰苦奋斗是优良作风，勇于奉献是高尚品质，改革创新是显著特征。

百年来，中国共产党之所以能够经受住各种风风雨雨，历尽艰难险阻，不断从胜利走向胜利，迎来从站起来、富起来到强起来的伟大飞跃，就在于中国共产党人坚定的理想信念，就在于中国共产党始终坚持为人民谋幸福、为民族谋复兴的初心和使命。习近平总书记明确指出："对马克思主义的信仰，对社会主义和共产主义的信念，是共产党人的政治灵魂，是共产党人经受住各种考验的精神支柱。只有理想信念坚定的人，才能始终不渝、百折不挠，不论风吹雨打，不怕千难万险，坚定不移为实现既定目标而奋斗。"[1]"从成立之日起我们党就把共产主义确立为远大理想。我们党之所以能够经受一次次挫折而又一次次奋起，归根到底是因为我们党有远大理想和崇高追求。""无论是处于顺境还是逆境，我们党从未动摇对马克思主义的信仰。"[2]正因为有这种坚定的信念，中国共产党人敢于为革命抛头颅、洒热血，坚信"杀了夏明翰，还有后来人"，敢于为了民族独立和人民解放而顽强斗争；敢于在社会主义建设时期战胜一切困难，奉献青春和热血；敢于在改革开放时期既保持战略定力，又解放思想，不断开拓进取。

坚定革命理想信念、坚信正义事业必胜，是长征精神的灵魂，也是长征能够胜利的根本保证。习近平总书记指出："心中有信仰，脚下有力量；

---

[1]《习近平关于社会主义文化建设论述摘编》，中央文献出版社2017年版，第130-131页。
[2] 习近平：《在庆祝中国共产党成立95周年大会上的讲话》，《人民日报》2016年7月2日。

没有牢不可破的理想信念,没有崇高理想信念的有力支撑,要取得长征胜利是不可想象的。"①我们之所以能够在前有堵截、后有追兵的情况下历经艰难险阻,取得万里长征的胜利,是因为我们的红军战士和干部有着坚定的革命理想信念,坚信主义事业必然胜利。

在社会主义建设时期,因为坚持这种理想信念,在中国共产党的领导下,广大人民激发了巨大的主动性和创造性,凝聚了磅礴的力量,取得了社会主义建设的奇迹。铁人王进喜发出了"宁可少活二十年,拼命也要拿下大油田"的豪言壮语,为发展祖国的石油事业而顽强拼搏、无私奉献。王进喜身上体现出来的"铁人精神",激励了一代代的石油工人。铁人不仅是工人阶级的先锋战士、共产党人的楷模,更是为国家分忧解难、为民族争光争气、顶天立地的民族英雄。雷锋是践行为人民服务宗旨的时代楷模,他把崇高的理想信念和道德品质追求融入日常的工作生活,在自己岗位上做一颗永不生锈的螺丝钉,深刻地引领了社会主义的良好道德风尚。

在社会主义建设时期,还有许多科学家为了维护国家主权的独立,打破霸权主义的欺凌,怀着强烈的报国之志,自觉把个人的理想与祖国的命运紧紧联系在一起,把个人的志向与民族的振兴紧紧联系在一起,放弃国外优厚的条件,义无反顾地回到祖国投身于"两弹一星"的研制当中,锻造了"两弹一星"精神。他们在茫茫无际的戈壁荒原,在人烟稀少的深山峡谷,风餐露宿,不辞辛劳,克服了各种难以想象的艰难险阻,经受住了生命极限的考验。许多人甘当无名英雄,隐姓埋名,默默奉献,有的甚至献出了宝贵的生命。他们用自己的热血和生命,写就了一部为祖国为人民鞠躬尽瘁、死而后已的壮丽史诗。

在改革开放时期和新时代,中国共产党坚持解放思想、实事求是的精

---

① 习近平:《在纪念红军长征胜利80周年大会上的讲话》,《人民日报》2016年10月22日。

神,大力弘扬与时俱进、锐意进取、勤于探索、勇于实践的改革创新精神,以巨大的勇气和魄力领导人民开辟了中国特色社会主义道路,全面推进深化改革,不断提高对外开放水平,不断推进自主创新,实现了从"落后时代"到"赶上时代""引领时代"的伟大跨越。在庆祝改革开放40周年大会上的讲话中,习近平总书记深刻总结了改革开放40年伟大实践的经验,认为其中最重要的、一以贯之的经验就是:"40年来,我们始终坚持解放思想、实事求是、与时俱进、求真务实,坚持马克思主义指导地位不动摇,坚持科学社会主义基本原则不动摇,勇敢推进理论创新、实践创新、制度创新、文化创新以及各方面创新,不断赋予中国特色社会主义以鲜明的实践特色、理论特色、民族特色、时代特色,形成了中国特色社会主义道路、理论、制度、文化,以不可辩驳的事实彰显了科学社会主义的鲜活生命力,社会主义的伟大旗帜始终在中国大地上高高飘扬!"①

深刻把握改革开放精神,必须把坚定理想信念放在首要地位。改革开放是决定当代中国命运和中华民族伟大复兴的关键一招,改革开放精神是为当代中国发展提供不竭动力的伟大精神。但是,改革开放的成功并不是自然而然的。一些社会主义国家在改革中不但没有发展起来,强大起来,甚至变得分崩离析。对比苏联解体、东欧剧变与中国特色社会主义的一枝独秀,原苏共中央政治局委员利加乔夫曾尖锐地指出:"为什么我国的所谓改革导致一个世界大国解体,使千百万人民陷于贫困,处于无权地位,把我们俄罗斯抛到了资本主义一边;而中国的经济改革却把国家引导到建设、进步、改善人民生活的道路上,使中国进入了世界大国的地位呢?"他认为:"第一个也是最重要的因素是中国共产党的领导作用。"②苏联共产党和中国共产党在社会主义改革上之所以有不同命运,就在于中国共产党始终坚持党的领导地

---

① 习近平:《在庆祝改革开放40周年大会上的讲话》,人民出版社2018年版,第10页。
② E.利加乔夫,E.科雷舍夫:《20年后再访中国》,《苏维埃俄罗斯报》2001年2月3日。

位不动摇,坚持马克思主义的指导地位和中国特色社会主义道路不动摇。

2020年10月14日,在深圳经济特区建立40周年庆祝大会上的讲话中,习近平总书记高度评价了深圳经济特区取得的巨大成就:"深圳广大干部群众披荆斩棘、埋头苦干,用40年时间走过了国外一些国际化大都市上百年走完的历程。这是中国人民创造的世界发展史上的一个奇迹。"习近平总书记深刻地总结了深圳特区成功的十条经验,其中排在第一条和第二条的就是,"必须坚持党对经济特区建设的领导,始终保持经济特区建设正确方向""必须坚持和完善中国特色社会主义制度,通过改革实践推动中国特色社会主义制度更加成熟更加定型。"①习近平总书记关于深圳经济特区成功经验的概括,为我们全面系统地理解特区精神,提供了重要指导。

总的来说,中国共产党伟大精神是中国共产党性质宗旨和理想信念的集中体现。这些伟大精神从各个维度展现了一代又一代中国共产党人为了实现共产主义远大理想和人民对美好生活的向往而艰苦奋斗的先锋队形象,塑造了一座座让亿万人民敬仰的丰碑,生动地诠释了中国共产党与其他政党的本质区别和鲜明特征。

三、中国共产党的伟大精神是砥砺我们不忘初心、牢记使命的不竭精神动力

注重思想建党,是马克思主义政党的优良传统。加强思想建党,既要坚持不懈强化理论武装,也要强化精神武装,毫不放松加强党性教育,持之以恒加强道德教育。习近平总书记明确指出:"毛泽东同志创造性地解决了在中国这种特殊的社会历史条件下建设马克思主义政党的一系列重大问

---

① 习近平:《在深圳经济特区建立40周年庆祝大会上的讲话》,《人民日报》2020年10月15日。

题,把党建设成为用科学理论和革命精神武装起来的、同人民群众有着血肉联系的、思想上政治上组织上完全巩固的马克思主义政党。"① 把科学理论武装和革命精神武装并列在一起使用,充分表明了精神武装在党的建设中的特殊作用、重要作用,说明中国共产党不仅重视思想(理论)建党,也重视精神(道德)建党。

中国近代以来的历史充分表明,要推翻强大的封建主义、官僚资本主义和帝国主义三座大山,不但要有先进理论的武装,还要有强大的精神武装。科学理论指导革命的方向,而坚定的信仰所蕴含的革命精神则可以转变为改造世界的强大力量。由于中国革命是在经济文化比较落后的中国爆发的,中国工人阶级的力量比较弱、人数比较少,而农民占绝大多数。因此,如何改造农民的问题,是中国革命取得胜利的关键。毛泽东同志认为,要把这支农民成分占多数的军队真正建设成为新型的人民军队,要把农民成分占多数的中国共产党真正建设成为布尔什维克化的党,从而承担起新民主主义革命的任务,就必须用无产阶级的革命精神进行引导、教育,从而克服种种非无产阶级思想的影响。毛泽东同志指出:"人是要有一点精神的,无产阶级的革命精神就是由这里头出来的。"② 正是有伟大的革命精神,中国共产党及其领导下的人民军队不畏艰险、不怕牺牲,以钢铁般的意志战胜了雪山、草地,取得了二万五千里长征的胜利,用小米加步枪打败了一个个强大的敌人。毛泽东同志明确强调,"没有这个精神条件,革命是不能胜利的。"③

同样,中国共产党伟大精神也是推进社会主义建设和改革开放的强大力量。中国共产党及其领导的人民军队之所以能够从小到大、以弱胜强,中国的现代化之所以能够从白手起家到一批批国之重器横空出世,中华民

---

① 《十八大以来重要文献选编》(上),中央文献出版社2014年版,第689页。
② 《毛泽东文集》第7卷,中央文献出版社1999年版,第162页。
③ 《毛泽东选集》第4卷,人民出版社1991年版,第1484页。

族之所以能够从落后于时代到赶上和引领时代,战胜一切困难、风险考验,创造了革命、建设、改革开放的伟大奇迹,很大程度上就在于我们党有伟大的精神。正因如此,无论是革命时期,还是社会主义建设时期、改革开放时期,我们党都高度重视精神武装的重要性。

1935年12月27日,在中共中央、红一方面军主力历时一年的长征结束不久,毛泽东同志在陕北瓦窑堡党的活动分子会议上所作的报告中,就对红军长征的重大意义和精神价值作了精辟概括,他指出:"讲到长征,请问有什么意义呢?我们说,长征是历史纪录上的第一次,长征是宣言书,长征是宣传队,长征是播种机。"①1938年3月12日,在纪念孙中山先生逝世十三周年及追悼抗敌阵亡将士大会上的讲话中,毛泽东同志明确指出:"为了实行三民主义,扩大统一战线,战胜我们的敌人日本帝国主义,还一定要从革命实践中发扬艰苦奋斗、不动摇、不妥协的革命精神。"②新中国成立以后,毛泽东同志也经常强调要弘扬革命精神。1965年5月,毛泽东同志重上井冈山时明确强调:"日子好过了,艰苦奋斗的精神不要丢了,井冈山的革命精神不要丢了。"③

改革开放以后,邓小平同志明确强调要弘扬革命精神,并从中汲取丰富的养分以推动社会主义精神文明建设。他指出:"我们要建设的社会主义国家,不但要有高度的物质文明,而且要有高度的精神文明。所谓精神文明,不但是指教育、科学、文化(这是完全必要的),而且是指共产主义的思想、理想、信念、道德、纪律,革命的立场和原则,人与人的同志式关系,等等……没有这种精神文明,没有共产主义思想,没有共产主义道德,怎么能建设社会主义?"④他认为,共同的革命理想,铁的纪律,"无

---

① 《毛泽东选集》第1卷,人民出版社1991年版,第149—150页。
② 《毛泽东文集》第2卷,中央文献出版社1993年版,第112页。
③ 《毛泽东年谱》第5卷,中央文献出版社2013年版,第495页。
④ 《邓小平文选》第2卷,人民出版社1994年版,第367页。

论过去、现在和将来,这都是我们的真正优势"①。

江泽民同志和胡锦涛同志也重视继承弘扬革命精神。比如,1989年9月9日至12日,江泽民同志在延安视察时指出:"自力更生、艰苦奋斗的延安精神没有过时。抗日战争、解放战争的艰苦岁月要发扬延安精神;社会主义初级阶段,也离不开延安精神。否则,我们的社会主义是很难建成的。"②2004年4月9日至13日,胡锦涛同志在陕西考察时强调,延安精神是我们党的优良传统和宝贵财富,过去是、今天仍然是我们战胜困难、取得胜利的法宝。我们坚持和发扬延安精神,很重要的就是要大力弘扬求真务实精神、大兴求真务实之风。③

党的十八大以来,以习近平同志为核心的党中央把继承和弘扬中国共产党的伟大精神置于建设社会主义现代化强国、实现中华民族伟大复兴的高度来强调。习近平总书记明确指出:"实现中国梦必须弘扬中国精神。"④中国共产党作为马克思主义执政党,要成为坚强的领导核心,不但要有强大的真理力量,有正确的理论指明方向,而且要有强大的人格力量,能够以党的优良作风凝聚群众。真理力量无疑是前提,没有真理力量,就会迷失方向。但人格力量却无疑最为关键,人格力量是对真理信仰的实践展示和实践检验,需要在中国共产党的伟大精神中得到洗礼、滋养。十八大以来,习近平总书记经常去红色文化遗址考察,在许多讲话中都强调我们要发扬中国共产党的伟大精神,包括立足新时代新的实践发展和挑战而提出、倡导一系列伟大精神,并深刻地揭示了这些伟大精神的内涵、历史地位和时代价值。

2013年4月28日,在同全国劳动模范代表座谈时,习近平总书记指

---

① 《邓小平文选》第3卷,人民出版社1993年版,第144页。
② 《江泽民强调发扬延安精神》,《人民日报》1989年9月15日。
③ 《把政策交给群众把措施落到实处 扎扎实实促进粮食增产农民增收》,《人民日报》2004年4月14日。
④ 《习近平关于实现中华民族伟大复兴的中国梦论述摘编》,中央文献出版社2013年版,第35页。

出:"必须大力弘扬劳模精神、发挥劳模作用。榜样的力量是无穷的。劳动模范是民族的精英、人民的楷模。长期以来,广大劳模以平凡的劳动创造了不平凡的业绩,铸就了'爱岗敬业、争创一流,艰苦奋斗、勇于创新,淡泊名利、甘于奉献'的劳模精神,丰富了民族精神和时代精神的内涵,是我们极为宝贵的精神财富。"①同年7月11日,习近平总书记在河北省调研指导党的群众路线教育实践活动时指出,西柏坡是我们党"立规矩的地方"。②他强调,全党同志要不断学习领会"两个务必"的深邃思想,始终做到谦虚谨慎、艰苦奋斗、实事求是、一心为民,继续把人民对我们党的"考试"、把我们党正在经受和将要经受各种考验的"考试"考好,使我们的党永远不变质、我们的红色江山永远不变色。③同年11月25日,习近平总书记在山东临沂考察时指出:"革命胜利来之不易,主要是党和人民水乳交融,党把人民利益放在第一位,为人民谋解放,人民跟党走,无私奉献,可歌可泣啊!"④沂蒙精神与延安精神、井冈山精神、西柏坡精神一样,是党和国家的宝贵精神财富,要不断结合新的时代条件发扬光大。

2014年3月17日,习近平总书记到兰考实地指导教育实践活动,第一站就是焦裕禄同志纪念馆。3月18日,他在兰考县委常委扩大会上的讲话中指出,"焦裕禄同志是人民的好公仆,是县委书记的榜样,也是全党的榜样。亲民爱民、艰苦奋斗、科学求实、迎难而上、无私奉献的焦裕禄精神,过去是、现在是、将来仍然是我们党的宝贵精神财富,永远不会过时。"⑤同年9月3日,在纪念中国人民抗日战争暨世界反法西斯战争胜利69周年座谈会上的讲话中,习近平总书记指出:"在中国人民抗日战争的

---

① 习近平:《在同全国劳动模范代表座谈时的讲话》,《人民日报》2013年4月29日。
② 《党面临的"赶考"远未结束》,《人民日报》2013年7月14日。
③ 《充分调动干部和群众积极性 保证教育实践活动善做善成》,《人民日报》2013年7月13日。
④ 《"平语"近人——习近平谈革命战争年代的红色精神》,新华网2016年6月30日。
⑤ 《新中国70年铸就的伟大精神 焦裕禄精神》,《人民日报》2019年5月8日。

壮阔进程中,形成了伟大的抗战精神,中国人民向世界展示了天下兴亡、匹夫有责的爱国情怀,视死如归、宁死不屈的民族气节,不畏强暴、血战到底的英雄气概,百折不挠、坚忍不拔的必胜信念。伟大的抗战精神,是中国人民弥足珍贵的精神财富,永远是激励中国人民克服一切艰难险阻、为实现中华民族伟大复兴而奋斗的强大精神动力。"①

2015年春节前夕,习近平总书记赴陕西看望慰问广大干部群众,在参观陕甘边革命根据地照金纪念馆和革命旧址时指出,以照金为中心的陕甘边革命根据地,在中国革命史上写下了光辉的一页。要加强对革命根据地历史的研究,总结历史经验,更好发扬革命精神和优良作风。②同年6月16日,习近平总书记在贵州参观遵义会议会址和遵义会议陈列馆时指出,遵义会议作为我们党历史上一次具有伟大转折意义的重要会议,在把马克思主义基本原理同中国具体实际相结合、坚持走独立自主道路、坚定正确的政治路线和政策策略、建设坚强成熟的中央领导集体等方面,留下宝贵经验和重要启示。我们要运用好遵义会议历史经验,让遵义会议精神永放光芒。③

2016年2月1日至3日,习近平总书记在江西看望慰问广大干部群众时指出,井冈山是中国革命的摇篮。井冈山时期留给我们最为宝贵的财富,就是跨越时空的井冈山精神。今天,我们要结合新的时代条件,坚持坚定执着追理想、实事求是闯新路、艰苦奋斗攻难关、依靠群众求胜利,让井冈山精神放射出新的时代光芒。④同年4月24日,习近平总书记在首个"中国航天日"之际作出重要指示,探索浩瀚宇宙,发展航天事业,建

---

① 习近平:《在纪念中国人民抗日战争暨世界反法西斯战争胜利69周年座谈会上的讲话》,《人民日报》2014年9月4日。
②《向全国人民致以新春祝福 祝祖国繁荣昌盛人民幸福安康》,《人民日报》2015年2月17日。
③《看清形势适应趋势发挥优势 善于运用辩证思维谋划发展》,《人民日报》2015年6月19日。
④《祝全国各族人民健康快乐吉祥 祝改革发展人民生活蒸蒸日上》,《人民日报》2016年2月4日。

设航天强国,是我们不懈追求的航天梦。经过几代航天人的接续奋斗,我国航天事业创造了以"两弹一星"、载人航天、月球探测为代表的辉煌成就,走出了一条自力更生、自主创新的发展道路,积淀了深厚博大的航天精神。①同年10月21日,习近平总书记在纪念红军长征胜利80周年大会上发表重要讲话强调:"伟大长征精神,作为中国共产党人红色基因和精神族谱的重要组成部分,已经深深融入中华民族的血脉和灵魂,成为社会主义核心价值观的丰富滋养,成为鼓舞和激励中国人民不断攻坚克难、从胜利走向胜利的强大精神动力。"②

2017年8月28日,习近平总书记对河北塞罕坝林场建设者感人事迹作出重要指示指出,55年来,河北塞罕坝林场的建设者们听从党的召唤,在"黄沙遮天日,飞鸟无栖树"的荒漠沙地上艰苦奋斗、甘于奉献,创造了荒原变林海的人间奇迹,用实际行动诠释了绿水青山就是金山银山的理念,铸就了牢记使命、艰苦创业、绿色发展的塞罕坝精神。他们的事迹感人至深,是推进生态文明建设的一个生动范例。③同年10月31日,党的十九大闭幕仅一周,习近平总书记带领新一届中共中央政治局常委专程前往上海和浙江嘉兴,瞻仰中共一大会址和嘉兴红船,回顾建党历史,重温入党誓词,宣示新一届党中央领导集体的坚定政治信念。习近平总书记指出,在浙江工作期间,我曾经把"红船精神"概括为开天辟地、敢为人先的首创精神,坚定理想、百折不挠的奋斗精神,立党为公、忠诚为民的奉献精神。我们要结合时代特点大力弘扬"红船精神"。④

---

① 《坚持创新驱动发展勇攀科技高峰 谱写中国航天事业新篇章》,《人民日报》2016年4月25日。
② 习近平:《在纪念红军长征胜利80周年大会上的讲话》,《人民日报》2016年10月22日。
③ 《持之以恒推进生态文明建设 努力开创人与自然和谐发展新格局》,《人民日报》2017年8月29日。
④ 《铭记党的奋斗历程时刻不忘初心 担当党的崇高使命矢志永远奋斗》,《人民日报》2017年11月1日。

★ 甘祖昌精神

2018年9月28日，习近平总书记在辽宁省抚顺市考察时指出：雷锋是一个时代的楷模，雷锋精神是永恒的。① 同年12月18日，在庆祝改革开放40周年大会上的讲话中，习近平总书记指出："改革开放铸就的伟大改革开放精神，极大丰富了民族精神内涵，成为当代中国人民最鲜明的精神标识！"②

2019年5月20日，习近平总书记在江西赣州考察时指出："井冈山精神和苏区精神，承载着中国共产党人的初心和使命，铸就了中国共产党的伟大革命精神。这些伟大革命精神跨越时空、永不过时，是砥砺我们不忘初心、牢记使命的不竭精神动力。"③ 同年9月26日，在致大庆油田发现60周年的贺信中，习近平总书记指出："站在新的历史起点上，希望大庆油田全体干部职工不忘初心、牢记使命，大力弘扬大庆精神、铁人精神，不断改革创新，推动高质量发展，肩负起当好标杆旗帜、建设百年油田的重大责任，为实现'两个一百年'奋斗目标、实现中华民族伟大复兴的中国梦作出新的更大的贡献！"④ 同年9月30日，习近平总书记在会见中国女排代表时指出，全面建设社会主义现代化强国，需要在各方面都强起来。实现体育强国目标，要大力弘扬新时代的女排精神，把体育健身同人民健康结合起来，把弘扬中华体育精神同坚定文化自信结合起来，坚持举国体制和市场机制相结合，不忘初心，持之以恒，努力开创新时代我国体育事业新局面。⑤

2020年4月23日，习近平总书记在陕西考察时指出，延安精神培育了一代代中国共产党人，是我们党的宝贵精神财富。要坚持不懈用延安精

---

① 《奋力书写东北振兴的时代新篇》，《人民日报》2018年9月30日。
② 习近平：《在庆祝改革开放40周年大会上的讲话》，人民出版社2018年版，第13页。
③ 《习近平关于"不忘初心、牢记使命"论述摘编》，中央文献出版社、党建读物出版社2019年版，第17—18页。
④ 《大力弘扬大庆精神铁人精神 肩负起当好标杆旗帜建设百年油田的重大责任》，《人民日报》2019年9月27日。
⑤ 《习近平会见中国女排代表》，《人民日报》2019年10月1日。

神教育广大党员、干部，用以滋养初心、淬炼灵魂，从中汲取信仰的力量、查找党性的差距、校准前进的方向。①同年5月12日，在山西考察、听取山西省委和省政府工作汇报后，习近平总书记强调指出：要牢固树立绿水青山就是金山银山的理念，发扬"右玉精神"，统筹推进山水林田湖草系统治理，抓好"两山七河一流域"生态修复治理，扎实实施黄河流域生态保护和高质量发展国家战略，加快制度创新，强化制度执行，引导形成绿色生产生活方式，坚决打赢污染防治攻坚战，推动山西沿黄地区在保护中开发、开发中保护。②同年7月21日，在企业家座谈会上，习近平总书记号召广大企业家弘扬企业家精神，"在爱国、创新、诚信、社会责任和国际视野等方面不断提升自己，努力成为新时代构建新发展格局、建设现代化经济体系、推动高质量发展的生力军"③。同年7月31日，在参观北斗系统建设发展成果展览展示时，习近平总书记强调，26年来，参与北斗系统研制建设的全体人员迎难而上、敢打硬仗、接续奋斗，发扬"两弹一星"精神，培育了新时代北斗精神，要传承好、弘扬好。④当天，中共中央、国务院、中央军委的贺电指出，要大力弘扬"自主创新、开放融合、万众一心、追求卓越"的新时代北斗精神。9月8日，习近平总书记在全国抗击新冠肺炎疫情表彰大会上的讲话指出，在这场同严重疫情的殊死较量中，中国人民和中华民族以敢于斗争、敢于胜利的大无畏气概，铸就了生命至上、举国同心、舍生忘死、尊重科学、命运与共的伟大抗疫精神。我们要大力弘扬伟大抗疫精神。⑤11月24日，习近平总书记出席全国劳动模范和

---

①《扎实做好"六稳"工作落实"六保"任务 奋力谱写陕西新时代追赶超越新篇章》，《人民日报》2020年4月24日。
②《全面建成小康社会 乘势而上书写新时代中国特色社会主义新篇章》，《人民日报》2020年5月13日。
③习近平：《在企业家座谈会上的讲话》，《人民日报》2020年7月22日。
④《北斗三号全球卫星导航系统正式开通》，《人民日报》2020年8月1日。
⑤习近平：《在全国抗击新冠肺炎疫情表彰大会上的讲话》，《人民日报》2020年9月9日。

先进工作者表彰大会并发表重要讲话强调，要大力弘扬"执着专注、精益求精、一丝不苟、追求卓越的工匠精神"。①12月17日，习近平总书记代表党中央、国务院和中央军委祝贺探月工程嫦娥五号任务取得圆满成功的贺电指出："大力弘扬追逐梦想、勇于探索、协同攻坚、合作共赢的探月精神。"②

革命理想高于天。习近平总书记指出："我们党是马克思主义执政党，但同时是马克思主义革命党，要保持过去革命战争时期的那么一股劲、那么一股革命热情、那么一种拼命精神，把革命工作做到底。"③我们现在走在新时代，但我们不能忘记来时路，不能忘记历史，革命、建设和改革时期形成的伟大精神依然是我们宝贵的财富，是实现中华民族伟大复兴的精神动力。中国共产党创造的是千秋伟业，越是长期执政，越不能丢掉马克思主义政党的本色，越不能忘记党的初心使命，越不能丧失自我革命精神。党的十九届五中全会审议通过的《中共中央关于制定国民经济和社会发展第十四个五年规划和二〇三五年远景目标的建议》也明确提出："弘扬党和人民在各个历史时期奋斗中形成的伟大精神。"④

总之，伟大政党培育伟大精神，伟大精神铸就伟大政党，伟大精神引领伟大事业。中国共产党的伟大精神承载着中国共产党的苦难和辉煌，生动地诠释了中国共产党在百年来不断取得的伟大成就，以及永远年轻、永远走在时代前列的精神密码，具有重要的历史地位。中国共产党的伟大精神，是中国共产党独特的精神标识，它生动地展示了共产党人的世界观、

---

① 习近平：《在全国劳动模范和先进工作者表彰大会上的讲话》，《人民日报》2020年11月25日。
②《习近平致电代表党中央、国务院和中央军委祝贺探月工程嫦娥五号任务取得圆满成功》，《人民日报》2020年12月17日。
③《习近平关于"不忘初心、牢记使命"重要论述选编》，党建读物出版社、中央文献出版社2019年版，第300页。
④《中共中央关于制定国民经济和社会发展第十四个五年规划和二〇三五年远景目标的建议》，人民出版社2020年版，第26页。

人生观、价值观，构成了中国共产党人丰富的、独特的政治文化，是构建社会主义核心价值观的重要源泉，是党员干部筑牢信仰之基、补足精神之"钙"、把稳思想之舵的重要精神养分，具有重要的时代价值。这些伟大精神是我们坚定中国特色社会主义道路自信、理论自信、制度自信、文化自信的底气，对于我们凝聚中华民族思想共识、政治文化认同、精神追求，引领新时代，实现中华民族伟大复兴，具有重要的意义。

恩格斯曾说："一个知道自己的目的，也知道怎样达到这个目的的政党，一个真正想达到这个目的并且具有达到这个目的所必不可缺的顽强精神的政党——这样的政党将是不可战胜的。"① 今天，面对实现中华民族伟大复兴的战略全局和百年未有之大变局，改革发展稳定的任务之重前所未有，风险挑战之多前所未有。在前进的道路上，还有许多"雪山""草地"需要跨越，还有许多"娄山关""腊子口"需要征服，一切贪图安逸、不愿继续艰苦奋斗的想法都是要不得的，一切骄傲自满、不愿继续开拓前进的想法都是要不得的。我们必须从中国共产党伟大精神中汲取精神养分，增强战略定力，坚定斗争信心，不断增强斗争本领，从而在危机中育先机，于变局中开新局。

在中国共产党成立百年之际，为有助于广大读者更好地了解中国共产党经受的艰难险阻和创造的不朽奇迹，更好地学习掌握并继承弘扬中国共产党伟大精神，我们组织撰写了这套"中国共产党伟大精神丛书"，向中国共产党百年华诞献礼。

是为序。

2020 年 12 月 26 日

---

① 《马克思恩格斯全集》第 39 卷，人民出版社 1974 年版，第 139 页。

◆ **甘祖昌精神**

甘祖昌是我们共和国的开国将军,江西籍的老红军。新中国成立后,他当了将军,但是他坚持回家当农民。我当小学生时就有这篇课文,内容就是将军当农民,我们深受影响。……我们要弘扬这种艰苦奋斗精神,不仅我们这代人要传承,我们的下一代也要弘扬,要一代一代传承下去。

——2013年9月26日习近平总书记在会见第四届全国道德模范及提名奖获得者时的讲话

目 录

前言 ··· 001

第一章 甘祖昌其人其事

一、出身寒门苦难为伴 ··· 008
二、接触革命光荣入党 ··· 011
三、排除万难保障后勤 ··· 013
四、主动请缨辉煌长征 ··· 018
五、智取军火充实武装 ··· 021
六、大光纺织厂 ··· 023
七、抱病南下二次长征 ··· 029
八、服务新疆稳定粮银 ··· 030
九、解甲归田心系人民 ··· 031

第二章 甘祖昌精神的提出与诠释演化

一、甘祖昌精神的形成发展 ······································· 038

二、甘祖昌精神的历史演化 …………………………………………… 057

第三章　甘祖昌精神的科学内涵

一、淡泊名利 ………………………………………………………… 066
二、艰苦奋斗 ………………………………………………………… 072
三、一生为党 ………………………………………………………… 082
四、一心为民 ………………………………………………………… 088
五、信念坚定 ………………………………………………………… 094
六、实事求是 ………………………………………………………… 098

第四章　甘祖昌精神的历史地位和当代价值

一、甘祖昌精神的历史地位 ………………………………………… 106
二、甘祖昌精神的当代价值 ………………………………………… 117

附录Ⅰ　甘祖昌同志生平 ……………………………………………… 142
附录Ⅱ　老伴——听龚全珍讲甘祖昌的故事 ………………………… 146
附录Ⅲ　并蒂莲花，暗香盈世——甘祖昌将军和夫人龚全珍的故事 …… 158

参考文献 ………………………………………………………………… 162

后　记 …………………………………………………………………… 167

前　言

"人无精神则不立,国无精神则不强。精神是一个民族赖以长久生存的灵魂,唯有精神上达到一定的高度,这个民族才能在历史的洪流中屹立不倒、奋勇向前。"① 中国特色社会主义进入新时代,必须不忘本来、吸收外来、面向未来,更好构筑中国精神、中国价值、中国力量,为人民提供精神指引。中国精神是一个不断生成和发展的概念,是历史的、具体的精神文化存在。在一定意义上说,伟大的中国精神需要通过典型人物、模范人物来集中体现,伟大的中国精神的构筑和传承也离不开典型人物、模范人物。甘祖昌同志就是这样的典型人物、模范人物,甘祖昌精神就是中国精神的具体体现。

甘祖昌同志是一名普通平凡而又具有高尚品格的共产党人,又是一位戎马半生、位居高阁却又解甲归田、无私奉献的"农民将军"。甘祖昌同志不忘初心,牢记使命,其事迹体现了对党的事业的无限忠诚、对家乡建设的无限热爱,以及身体力行的愚公移山精神,一件件一桩桩,点点滴滴,无不体现了他的农民本色和共产党员情怀,在全国树立起一面全心全意为人民服务、革命征途不歇脚的光辉旗帜。② 甘祖昌同志在成长的历程中,逐渐凝结成了具有恒久价值而又熠熠生辉的甘祖昌精神。甘祖昌精神就是甘祖昌同志崇高人格的升华、奉献境界的彰显、对党忠诚的践行,与"红船精神""井冈山精神""苏区精神""长征精神""抗战精神""延安精神"等中国共产党革命精神一脉相承、高度契合、同频共振,既是中国共产党

---

① 习近平:《决胜全面建成小康社会　夺取新时代中国特色社会主义伟大胜利——在中国共产党第十九次全国代表大会上的报告》,北京:人民出版社2017年版,第23页。
② 彭霖山:《将军农民甘祖昌》,南昌:江西人民出版社2013年版,序第2页。

革命精神的重要内容,也是中国精神谱系的有机组成,是新时代构筑起中华民族精神脊梁的宝贵精神资源,是兴国之魂、强国之魂的内在要素。

弘扬、传承甘祖昌精神是时代的呼唤,是提振当代中国人民精神风貌、推进新时代坚持和发展中国特色社会主义道路、实现中华民族伟大复兴中国梦的内在要求。2013年9月26日下午3时,北京京西宾馆会议楼前厅,习近平总书记在会见第四届全国道德模范及提名奖获得者时饱含深情地说:"我刚才看到这位老前辈,她就是我们的老将军甘祖昌的夫人龚全珍,她今年90多岁了,我看到她以后心里一阵阵的感动。"接着,习近平总书记向在场的300多位与会者介绍:"甘祖昌是我们共和国的开国将军,江西籍的老红军。新中国成立后,他当了将军,但是他坚持回家当农民。我当小学生时就有这篇课文,内容就是将军当农民,我们深受影响。至今半个世纪过去,看到龚老现在仍然弘扬着这种精神,今天看到她又当选全国道德模范,出席我们今天的会议,我感到很欣慰。"接着,习近平总书记强调指出:"我们要弘扬这种艰苦奋斗精神,不仅我们这代人要传承,我们的下一代也要弘扬,要一代一代传承下去。"这就实际上提出了弘扬、传承甘祖昌精神的时代课题。

龚全珍

前言

甘祖昌精神是凝聚人心、发展事业的不竭动力,必须大力弘扬、积极践行。今天回过头来看,甘祖昌精神自其生成之日起,就开启了广泛传播的进程,产生了实际成效。甘祖昌同志的夫人龚全珍同志以及他们的女儿是甘祖昌精神最早的弘扬者和践行者。龚全珍同志在为女儿甘仁荣的《父亲甘祖昌》一书所作的序中写道:"我要教育好自己的子孙后代,跟我一道去做对人民有益的事情,把甘祖昌精神代代传承下去。"[①] 甘祖昌同志的女儿们在2013年曾为《将军农民甘祖昌》一书撰文,她们如是说:"爸爸甘祖昌离开我们整整27个春秋了,在这27个年头里,我们的妈妈龚全珍一直坚强地传承着爸爸的精神,坚守信念,牢记宗旨,甘于平凡,微言仗义。直至耄耋之年,依然像蜡烛那样燃烧自己,照亮别人;像蜜蜂那样采蜜,为众辛苦为众忙;像春蚕吐丝那样,一心只为他们御风寒。从而,用自己的品格和信仰凸现了人性之善,党性之美","感谢爸爸妈妈给我们留下了一笔宝贵的精神财富,我们将永远传承下去,进一步发扬光大"。[②] "我觉得父亲是一个有大爱的人,这种爱高大、深远、无私、透彻,他虽然没有待在家里陪伴儿女,却用自己的一言一行潜移默化地影响着我们;他虽然没有给儿女房产和金钱,却把无限的精神财富传给了后代。"[③] 与此同时,在沿背村,不论是老人还是孩子,不论是小伙子还是姑娘,不论是村干部还是普通老百姓,人人会讲甘祖昌夫妇的故事,人人都是甘祖昌精神的传播者和传承者,这见证着甘祖昌精神深厚的群众基础和强大的生机活力。

---

① 甘仁荣:《父亲甘祖昌》,南昌:江西教育出版社2019年版,序第2页。
② 彭霖山:《将军农民甘祖昌》,南昌:江西人民出版社2013年版,第208-210页。
③ 甘仁荣:《父亲甘祖昌》,南昌:江西教育出版社2019年版,自序第5页。

甘祖昌干部学院牌楼

为了更好地缅怀甘祖昌将军，学习甘祖昌将军的事迹和精神，早在2011年，莲花县委、县政府就专门设立了"农民将军甘祖昌先进事迹陈列室"，以实物、照片以及影音资料为布展手段，生动再现甘祖昌同志从农民到将军，从将军到农民的场景。近年来，为贯彻好落实好习近平总书记的重要指示精神，江西省委和萍乡市委充分利用甘祖昌精神这一宝贵的红色资源，全力推进甘祖昌干部学院建设，在传承红色基因、加强党员干部革命理想信念教育和党性教育、打造一所"没有围墙"的干部学院方面做了有益的探索和实践。这成为新时代弘扬甘祖昌精神的重要载体和平台。

新时代更好地弘扬、传承甘祖昌精神，首要的是在学理上明晰其形成发展、科学内涵、历史地位和时代价值等基本问题，也就是说，要回答"甘祖昌精神从哪里来""甘祖昌精神是什么""甘祖昌精神有何价值""怎样对待甘祖昌精神"等一系列基本问题。《甘祖昌精神》这本书就是为了在这些问题上有所探索、有所回答，坚持史论结合的写作方法，运用生动、通俗的叙述方式，为推动甘祖昌精神宣传普及尽绵薄之力，为广大党员干部加强党性修养提供一本兼具理论性、思想性和通俗性的读物。

江西是一片充满红色记忆的红土地。在这片红土地上，有一个地方叫莲花县。莲花县位于江西省西部,萍乡市南部,东北与安福县接壤,东南与永新县毗邻,西南与湖南省茶陵县、攸县相连,北面与芦溪县交界。这里既是毛泽东同志领导的秋收起义的策源地,亦是井冈山革命斗争的创始地,也是中共湘赣省委的诞生地。近代以来,在莲江河畔,诞生了一批为共产主义理想信念抛头颅洒热血的革命英雄。其中,有一位老红军的故事令人颇为动容,使习近平总书记"深受影响"①。这位老红军就是甘祖昌同志。

甘祖昌同志

甘祖昌同志是一名普通平凡而又具有高尚品格的共产党人,又是一位戎马半生、位居高阁却又解甲归田、无私奉献的"农民将军"。甘祖昌同志的一生,经历了"三次长征"和"三次艰苦创业"。"三次长征"是指:红六军团率先、殿后顽强地完成了红军两万五千里长征;三五九旅南下北返,创建了鄂南、湘东抗日根据地,九死一生完成两万七千里长征;跟随王震同志向新疆大进军,克服严酷环境,粉碎武装叛乱,保卫新疆。"三次艰苦创业"是指:三五九旅南泥湾大生产运动,甘祖昌同志既是组织者

---

① 习近平:《向龚老前辈致敬》,《人民日报》2013年9月27日,第1版。

又是参与者,三年多时间里把南泥湾的荒山建成了"陕北的好江南";建设新疆,开荒造田,兴办农、工、商、学,发展经济,开创了我国屯垦戍边的新纪元;解甲归田,因长期伤病坚决辞去领导工作,回乡当农民,为改变家乡落后面貌出力。然而,甘祖昌同志常常说:"我能幸存下来已经很幸福了,想想那些为国捐躯的战友,我做的还不够。"①

  中国精神是凝心聚力的兴国之魂、强国之魂。2013年3月17日,习近平总书记在第十二届全国人民代表大会第一次会议上发表重要讲话,明确指出:实现中华民族伟大复兴的中国梦,必须弘扬中国精神,并进一步阐释"这就是以爱国主义为核心的民族精神,以改革创新为核心的时代精神"。②历史地看,中华民族具有重视精神和精神生活的传统,中国共产党自成立之日起就自觉做中国精神的忠实的继承者和坚定的弘扬者,在革命、建设和改革各个历史时期,不断丰富和充实中国精神的内涵,③使中国精神展现出强大的生命力。甘祖昌精神就是在这个历史过程中生成和发展起来的。综观甘祖昌同志的一生,从江西到延安,从新疆再回到江西,从农民到将军,又从将军到农民,书写了精彩而传奇的人生。甘祖昌同志的光辉事迹被编入学校教材,并逐步升华为一种精神——甘祖昌精神。甘祖昌精神是甘祖昌同志波澜壮阔的人生实践的集中体现,也是中国精神和中国共产党革命精神在特定时期的具体呈现。可以说,甘祖昌同志本是一名普通人,在成长的历程中,逐渐凝结成了熠熠生辉的甘祖昌精神。今天,甘祖昌精神已经成为中国精神谱系和中国共产党革命精神族谱中的重要内容,是中国精神和中国共产党革命精神的有机组成,产生了深远影响。甘祖昌精神教育了几代人,影响了无数人,至今仍闪耀着光辉。

---

① 甘仁荣:《父亲甘祖昌》,南昌:江西教育出版社2019年版,序言第4页。
② 习近平:《习近平谈治国理政》(第一卷),北京:外文出版社2018年版,第40页。
③ 余双好:《习近平关于中国精神重要论述的现实意义》,《马克思主义理论学科研究》2019年第2期。

第一章
甘祖昌其人其事

中国精神（中国共产党革命精神）是具体的而不是抽象的，在中国精神（中国共产党革命精神）谱系中，甘祖昌精神有着特有的地位，是其有机组成部分，中国精神标定了甘祖昌精神独特的历史地位和跨越时空的时代价值。一般来说，根据主体不同，中国共产党革命精神可以划分为地域类、事件类、人物类等类型。甘祖昌精神就属于人物类型的中国共产党革命精神。今天，当我们谈及甘祖昌精神的时候，一个生动、朴实的楷模形象就会跃然于眼前。学习和弘扬甘祖昌精神，我们首先需要了解甘祖昌同志的成长经历和成长故事，并从这些经历和故事中汲取精神滋养，在新的时代条件下传承红色基因、沿着党和人民的事业的方向继续前进，不断开创更加美好的未来。

★ 甘祖昌精神

一、出身寒门苦难为伴

1905年[①]，甘祖昌出生在江西省莲花县坊楼乡沿背村莲江河畔一户贫穷的农民家庭。莲花县风景优美，"七分半山一分半田，一分水面和庄园"是其地貌轮廓的总体概括，素有"泸潇理学，碧云文章"之誉。这里在古代就吸引了许多文人墨客游历，留下不少脍炙人口的诗词歌赋。明朝著名地理学家徐霞客亦曾到此一游，在他的旅游日记中就记载了莲花县的名山胜水。莲花县人杰地灵，著名人物如南宋毁家纾难、起兵勤王的吴希奭，明朝理学家、文学家刘元卿，元朝名僧释惟则，末代帝师朱益藩。[②]时至近代，尤其是在轰轰烈烈的大革命时期，甘祖昌同志的家乡深受革命浪潮的洗礼，走出了陈竞进、贺国庆等一批革命英雄。甘祖昌同志正是在这样的自然环境和人文环境的影响下成长起来，并最终走上了一条以"新民主

---

① 关于甘祖昌出生日期，据笔者现有的文献，主要有四种叙述。第一种是只写甘祖昌生于1905年，如甘祖昌的夫人龚全珍老人的回忆，在《我和老伴甘祖昌》一书中记载："你（指甘祖昌——作者按）生于1905年。"（南昌：江西教育出版社2014年版，第2页）此书并没详细注明甘祖昌的出生日期。不少与甘祖昌相关的人物传记类书籍也是采用这种叙述方式，如江西省新四军暨华中抗日根据地历史研究会编的《江西新四军人物传（上）》（南昌：江西教育出版社2006年版，第170页），也是简略描述甘祖昌生于1905年。由于缺乏确凿的资料佐证，故本书亦沿用此叙述。第二种叙述是"1905年2月23日"。如王志君《甘祖昌将军传略》一书的描述为："（甘祖昌）于1905年2月23日出生于一个普通农家。"（参见新疆军区编：《一代风范：将军农民甘祖昌》，乌鲁木齐：新疆大学出版社2002年版，第3页）在《将军农民甘祖昌 群众路线教育实践活动学习读本》（江西人民出版社2013年版）一书中，作者彭霖山也采用这个出生日期，但没有注明资料来源。第三种叙述是"农历1905年3月28日"。在刘南方所著《将军级农民：甘祖昌传》（解放军文艺出版社2008年版，第1页）一书中的叙述为："农历1905年3月28日，住在江西靠北边的一栋破旧的土砖房子里传出一阵婴儿的啼哭声。"该书同样没有注明出生日期的资料来源。第四种叙述是"甘祖昌，1905年5月2日出生在江西省莲花县坊楼镇沿背村一个贫苦农民家庭"（参见齐雯：《"将军农民"甘祖昌》，《北京日报》2018年3月5日，第19版）。
② 陈天声主编：《莲花县志（1988—2002）》，北京：方志出版社2004年版，第1页。

第一章
甘祖昌其人其事

主义—社会主义—共产主义"为指向的革命道路,终生为共产主义事业奋斗不已,砥砺出具有跨越时空价值的甘祖昌精神。

甘祖昌同志的父亲名叫甘信生,是一位典型的中国农民。他一生都与土地、庄稼打交道,具有中国农民的优良品质:朴实勤劳、任劳任怨。甘信生的家里是比较贫穷的,"只有几间土坯房,人多地少,只有一亩二分田地和一片油茶山"。即便是老天爷眷顾老百姓,一年四季都风调雨顺,"收成好的年份,也不够全家吃用"。在半殖民地半封建社会的旧中国,甘信生为了解决生计问题,不得不"租种地主家的16亩田地",如果遇到自然灾害,收成不好,迫不得已只好"向地主借债"。① 按照毛泽东同志在《中国社会各阶级的分析》中的分析,甘祖昌同志的家庭属于"半无产阶级"中的"半自耕农":"其生活苦于自耕农,因其食粮每年大约有一半不够,须租别人田地,或者出卖一部分劳动力,或经营小商,以资弥补。春夏之间,青黄不接,高利向别人借债,重价向别人籴粮,较之自耕农的无求于人,自然景遇要苦。"② 这个"半无产阶级"具有很强的革命性,"是我们(指中国共产党)最接近的朋友"③。从这个意义上来说,一旦条件成熟,甘祖昌同志走上革命道路就具有历史的必然性。

由于长年累月的过度劳动,甘信生的身体每况愈下,后来不幸染上了哮喘病,这对于贫困的九口之家来说,无疑是雪上加霜。因为贫困,甘信生不得不从事高强度的劳动,这超出身体的承受范围,自然就击垮了他的身体。于是,甘祖昌同志的母亲陈瑞英毅然挑起了家庭的重担,撑起了家庭的半边天。陈瑞英持家有方,是"里里外外一把手",总能在紧巴巴的生活中将这个家打理得井井有条。陈瑞英的日常劳动强度也非常大,完全不亚于成年男子。在田地干农活时,"常常黑衣、黑裤、头裹白布,一身

---

① 龚全珍:《我和老伴甘祖昌》,南昌:江西教育出版社2014年版,第2页。
②《毛泽东选集》第一卷,北京:人民出版社1991年版,第6页。
③《毛泽东选集》第一卷,北京:人民出版社1991年版,第9页。

男子打扮，干活也跟男人一样，没日没夜，力大劲足"①。在勤勤恳恳忙农活的同时，还要照顾生病的丈夫和嗷嗷待哺的孩子。可以说，这是一位勤劳、慈祥、善良、富有韧性的中国传统女性。

然而，20世纪初的中国，农民阶级仍然是被统治阶级。由于帝国主义的侵略和封建主义沉重的剥削，农民阶级生活状况极度恶化。尽管甘信生夫妇一年到头起早摸黑，埋头苦干，勤俭节约，一家人也只不过勉强"糊口饭吃"②，日子过得十分艰难。在这个家庭中，甘祖昌同志是长子，他还有四个弟弟和两个妹妹。在那个时代，由于人多地少，入不敷出，甘祖昌同志家里生活的拮据程度是可想而知的。对这个大儿子，甘信生则寄予了很大的期望，希望他将来能光宗耀祖、兴旺发达。因此，甘信生请了一个肚里有墨水的老先生为其取名为甘祖昌。陈瑞英则担心甘祖昌难带大，就去附近庙中求了个罗姓和尚收他为义徒，这样他就又有了一个罗和尚的小名。村里人都叫他"罗和尚"。

如上便是甘祖昌同志家世的简明扼要的介绍。

甘祖昌同志就是在这样的家庭环境下出生并成长起来的。然而，对于如此家道消乏的家庭，上学读书自然也是一件奢望的事情。幸运的是，甘祖昌同志的舅舅非常疼爱他，并对他们的父母说："孩子要让他读几句书，识几个字，不能像我们一样是个睁眼瞎，我知道你们日子过得艰难，给先生的学米出不起，这你们不要发愁，我帮你们出了。"于是，"出粮、出油、出炭"，供给甘祖昌同志上了村子里的私塾。母亲陈瑞英也深知文化的重要性，语重心长地叮嘱："孩子，要争气呀！不识字可怜，受人欺负，你要用心学习呀！"③

读书的机会来之不易，甘祖昌同志念书非常用功，加上天资聪敏，学习一年半就超过了那些学习三四年的孩子，这位聪慧的学生也深得老师的喜爱，老师愿意加倍多教。然而，由于家庭条件实在太困难，几近糠豆不

---

① 龚全珍：《我和老伴甘祖昌》，南昌：江西教育出版社2014年版，第2页。
② 龚全珍：《我和老伴甘祖昌》，南昌：江西教育出版社2014年版，第2页。
③ 龚全珍：《我和老伴甘祖昌》，南昌：江西教育出版社2014年版，第5页。

赡,揭不开锅。陈瑞英无可奈何之下,忍痛让甘祖昌同志辍学,回家务农。然而,老师觉得甘祖昌同志是个好苗子,不忍心让他失去读书的机会,就提出晚上教他读书识字。于是,这个只有七八岁的孩子在白天劳动之余,坚持夜读。这种"半工半读"的状况持续了一年半之久。这就是甘祖昌同志的学生时代,前后加起来,一共只有三年短暂的学习时光。

穷人的孩子早当家。到了9岁的时候,甘祖昌同志就去给地主打长工。这期间,有一次因为没有吃饱饭,饥肠辘辘两眼昏花的他在挑粪时,不慎失足把粪弄倒了,没想到却因此遭到狠心的地主一顿棍打,剧烈的疼痛令他几乎昏死过去。① 身体上的伤痛可以慢慢消去,而烙印在心中的疤痕却难以弥合、释怀。到了10岁的时候,甘祖昌同志则遵照父亲的意愿,去当了一名烧砖工,用稚嫩的肩膀挑起了家庭的重担。当时,他觉得只要学会了一门手艺,生活就会变好。可是,他学了三年,也有了手艺,却依然没有钱买砖瓦盖房子。于是,希望像肥皂泡泡一样破灭了。② 这不禁令人想起宋朝诗人梅尧臣的诗——《陶者》:"陶尽门前土,屋上无片瓦。十指不沾泥,鳞鳞居大厦。"此时,13岁的甘祖昌,或许已经萌发了这样的疑惑:为何劳动者如此贫困潦倒?为何人世间如此不公平?

二、接触革命光荣入党

在甘祖昌同志的成长过程中,他还曾加入挑脚人的行列,成为一名普普通通的挑夫,这是一个很苦的差事。当地有民谣:"挑脚苦,挑脚苦,血

---

① 江西省新四军暨华中抗日根据地历史研究会编:《江西新四军人物传(上)》,南昌:江西教育出版社2006年版,第170页。
② 龚全珍:《我和老伴甘祖昌》,南昌:江西教育出版社2014年版,第6页。

汗流尽还挨饿，挑不走穷和恨，日子一样黄连苦。"①时间就这样一天一天地过去，这一挑就是好几年，对于甘祖昌同志而言，做挑夫的那段时间是一段漫长而又艰辛的岁月。也正是这样的苦难，慢慢磨炼出甘祖昌同志憨厚朴实、坚忍不拔的品质，对他日后走上革命道路也大有裨益。

1925年，正值国共第一次合作，大革命在华夏大地轰轰烈烈地进行，有部分来自广东的国民革命军队伍路过莲花县，喊出了鼓舞人心的口号——"打倒军阀除列强"，越来越多的莲花县人民也受到了革命思想的洗礼和熏染。当时，20岁的甘祖昌可能还无法真正理解这场大革命的深远历史意义，但在农村地区，一些事情正在慢慢地发生着变化，农民协会、农民运动从无到有，会员人数从少到多，权力由小变大，有些地方甚至提出了"一切权力归农会"②，权势从地主绅士阶级悄悄地向穷困的农民阶级转移，这无疑会对那个时代的人们产生或多或少的影响，甘祖昌也不例外。

1926年，坊楼在外地读书的青年学生陈竞进、谢远鹏等陆续返乡，创办了新城小学，并与朱绳武等人成立了中共莲花县第一个党小组，在家乡宣传革命思想，开展农民运动。他们得知甘祖昌同志出身穷困、忠实可靠，便鼓励他参加农民协会，这就是甘祖昌同志接触革命思想的第一步。从此，甘祖昌同志白天照常下地劳动，晚上则躲到山上参加党小组召开的积极分子会议，常常半夜三更回家。就这样，甘祖昌同志开始懂得了一些革命道理，他高唱着"打土豪，杀劣绅……"，积极参加赤卫队、农民暴动队，开始投身到革命实践之中，并为之奋斗终生。

1927年6月，化名为李伟民的特派员方志敏同志经过莲花县上西乡时，召开了一次群众大会，宣传革命思想。在台下聆听报告的甘祖昌同志深受启发，感觉犹如明亮的火焰照亮了漆黑的夜空。会后，甘祖昌同志主动找方志敏同志问了一连串的问题，如"穷人怎样才能翻身得解放，穷人

---

① 彭霖山：《将军农民甘祖昌 群众路线教育实践活动学习读本》，南昌：江西人民出版社2013年版，第2页。
② 《毛泽东选集》第一卷，北京：人民出版社1991年版，第14页。

是不是'八字'不好，是不是命中注定？"①方志敏同志则耐心地进行了解释："我们穷人真想翻身，就要坚决闹革命，彻底打倒土豪劣绅！现在敌人正在张牙舞爪，妄图把革命者斩尽杀绝。我们一定要和他们坚决斗争，要继续办好农民协会，办好农民自卫军，用革命的武装去反对反革命的武装，直到取得革命的胜利。不要相信穷人受穷是命苦的鬼话。在现今中国，穷人要翻身就要闹革命。除此之外别无他路！"就这样，"李特派员"的形象和话语深深地铭刻在甘祖昌同志的心里、印在脑子里，对引导他逐步走上革命道路起到了十分关键的作用。于是，中国共产党成为甘祖昌同志心中向往的先进组织，加入中国共产党也成为甘祖昌同志的志向。

1927年8月24日，22岁的甘祖昌同志在谢远鹏、苏国珍的介绍下，在他的家乡莲花县秘密加入了中国共产党，②由此开启了艰苦卓绝的革命之旅。年轻的甘祖昌同志肯定想不到28年后，他会成为中华人民共和国的开国将军，但有一点我们可以坚信，甘祖昌同志忠于党忠于革命的红心，为人民服务为民谋利益的初心，从他入党到去世，坚定不移，始终如一，这也成为甘祖昌精神的鲜亮底色。

三、排除万难保障后勤

甘祖昌同志入党后，组织给他安排的第一项任务就是当一名秘密交通员，前往江西萍乡与地下党组织接头，主要负责购买药品、搜集反动报纸等工作。不久，甘祖昌同志就接到第二项任务——筹办修械所，他组织了四个匠人——银匠、铜匠、铁匠、木匠，秘密修理鸟枪、打梭镖等武器。③

---

① 龚全珍：《我和老伴甘祖昌》，南昌：江西教育出版社2014年版，第18页。
② 龚全珍：《我和老伴甘祖昌》，南昌：江西教育出版社2014年版，第18页。
③ 龚全珍：《我和老伴甘祖昌》，南昌：江西教育出版社2014年版，第18页。

这项任务为他日后在兵工厂工作打下了基础。

1928年春，23岁的甘祖昌同志就担任土改委员会主任，领导全乡的土地分配工作。这一年8月，甘祖昌同志参加了中国工农红军[①]，成为一名红军战士，也是在这个时候，组织安排他到莲花县独立团担任军需处处长，这是甘祖昌同志第一次接触后勤保障工作，正是在这项工作中，他过人的天分充分地显示了出来。此后，甘祖昌同志一直兢兢业业，在部队后勤保障工作方面大显身手。

在土地革命时期，甘祖昌同志所负责的后勤保障工作有条不紊，完成得非常出色，因此，他受到党组织的重视、重用，先后担任多项重要职务，历任"江西省莲花县独立团军需处长、湘东南苏区保管处主任、湘赣军区兵工厂财政总务科副科长、红六军团五十三团司令部司务长、湘鄂川黔省军区兵工厂代总务科长、红六军团补充团供给处主任、红六军团供给部材料科科长"[②]。与此同时，甘祖昌同志还参加了第一至第五次"反围剿"斗争和两万五千里长征，也就是说，甘祖昌同志是苏区精神、长征精神形成主体中普普通通的一员，无论是革命实践还是革命精神，都对甘祖昌精神的形成产生了极为重要的影响。

在革命年代，后勤保障工作是一件非常重要的任务，事关战斗成败，也是战争中首要的环节。正如兵家所言："兵马未动，粮草先行。"1931年冬，甘祖昌同志奉命调往湘赣苏区兵工厂工作。这个工厂干部资源严重不足，有240多人，脱产干部却只有两人。其中一人是厂长，另一人就是担任总务科副科长的甘祖昌同志。因此甘祖昌同志的工作任务异常繁重，除了"完成指定生产计划外，还兼会计、出纳、采购、司务长"[③]。当时的兵工厂条件很是简陋。根据当时的人们回忆：那时办兵工厂，困难是很多的，不但技术上存在很多问题，人才缺乏，而且工具不足，就连制造子弹用的

[①] 新疆军区编：《一代风范：将军农民甘祖昌》，乌鲁木齐：新疆大学出版社2002年版，第3页。
[②] 新疆军区编：《一代风范：将军农民甘祖昌》，乌鲁木齐：新疆大学出版社2002年版，第3页。
[③] 龚全珍：《我和老伴甘祖昌》，南昌：江西教育出版社2014年版，第34页。

原材料都不容易搞到，只有到敌人占领的白区城市里才能买到。① 这就是甘祖昌同志面临的现实困难，要完成组织下达的生产任务，难度可想而知。

此时，正值国民党反动派向中央苏区发起大规模的战争"围剿"，前线战事异常吃紧，红军战士对枪支、子弹和炮弹的需求量激增，除了抓紧时间修理枪械外，每日"生产子弹几万发，还要生产炮弹"②，任务非常的艰巨。这些繁重的工作还算是顺手的，让甘祖昌同志'感到最困难的是技术和原料"③。具体的困难有四点：一是洋硝匮乏；二是不知如何造子弹头；三是缺少铜铁；四是运输问题。克服这些困难的难度柦当大。其中，材料的供给由总务科负责。因此，解决原料和技术的问题自然落在了甘祖昌同志的肩上。

当时，苏区最缺乏的材料是洋硝，这也是制造子弹不可或缺的一部分。然而，这种材料只有国民党控制区才有，要到敌人控制的地方购买制造军火的材料，需要有过人的胆识和智慧。因为"在往来白区的路上，敌人岗哨林立，盘查很严，稍不谨慎，就要付出生命的代价"③。由此可见，采购任务难度非常大。即便如此，甘祖昌同志并不退却。他认为，采购任务是关系到前方打胜仗的问题，关系到革命能否早日成功、人民能否过上安乐日子的大事。所以，他把购买洋硝的任务看得比自己的生命还重。⑤

湘赣地区的冬天，冰天雪地，寒风刺骨，十分寒冷。甘祖昌同志从江西永新县徒步到萍乡、安福、湖南攸县，一路上不断遇到敌人的关卡盘查，可谓险象环生。最后，甘祖昌同志成功"购买了17斤洋硝，足可造出几万发子弹"⑥。从安福到攸县，要路过国民党兵的关卡，甘祖昌同志正琢磨着如何通过，恰巧见到一位农夫挑着大粪走来，便心生一计，上前和老农

---

① 新疆军区编：《一代风范：将军农民甘祖昌》，乌鲁木齐：新疆大学出版社2002年版，第51页。
② 新疆军区编：《一代风范：将军农民甘祖昌》，乌鲁木齐：新疆大学出版社2002年版，第47页。
③ 新疆军区编：《一代风范：将军农民甘祖昌》，乌鲁木齐：新疆大学出版社2002年版，第47页。
④ 新疆军区编：《一代风范：将军农民甘祖昌》，乌鲁木齐：新疆大学出版社2002年版，第51页。
⑤ 新疆军区编：《一代风范：将军农民甘祖昌》，乌鲁木齐：新疆大学出版社2002年版，第47页。
⑥ 新疆军区编：《一代风范：将军农民甘祖昌》，乌鲁木齐：新疆大学出版社2002年版，第47页。

耳语一番，用油布纸把洋硝包裹严实后放在粪桶里，守卡的敌人连忙侧身掩鼻。甘祖昌同志就这样顺利通过了检查。①为了抢时间，甘祖昌同志不知疲惫日夜兼程赶回兵工厂，顺利克服了第一个困难。

接着要克服的第二个困难是：如何制造子弹头？生产子弹的材料是铜，其优点主要在于延展性好，且有一定的强度。甘祖昌同志和兵工厂的造弹工人兰生竟②集智攻关，先把铜翻成空弹头，然后用锡熔化液倒入铜壳内，冷却之后即成形为子弹头。③最后，弹头试验成功了，第二个难题也迎刃而解。

制造子弹的技术问题已经攻克了，但新的问题又随之而来，兵工厂缺少铜。当时的中央苏区，铜矿也是十分缺乏的。"巧妇难为无米之炊"，无奈之下，甘祖昌同志就不遗余力地发动群众，向群众详细阐释兵工厂购买铜的重要意义。经过一段时间广泛的宣传动员，群众便知晓兵工厂收购铜是为了造子弹，是为了打倒反动派，于是大力支持兵工厂搞生产。"有的将烂铜壶、铜碗铜锣等拿出来以低价卖给我们。有的妇女，还将铜钱和小孩帽上的'铜菩萨'拆下来卖给我们，有的村的群众还自动组织运输队，将收集到的烂铜器，一担一担地往兵工厂送。"④第三个困难就这样克服了。

正是有了广大群众的支持，兵工厂最终解决了缺铜的燃眉之急，子弹成批地造了出来，前方战士给了敌人沉重的打击。随着战争局势的发展，兵工厂不仅需要修枪造子弹，还要研究造炸弹。甘祖昌同志向工人们做出保证，坚定地说："你们能造出炸弹的话，要多少原料，我就设法供应多少原料。"不久，兵工厂具有了研制炸弹的能力，甘祖昌同志心里非常高兴，与此同时，他的采购任务也愈加繁重、艰巨。为了满足兵工厂的生产，甘祖昌同志不分昼夜，绞尽脑汁地采购原料。功夫不负有心人，到了后来兵

---

① 龚全珍：《我和老伴甘祖昌》，南昌：江西教育出版社2014年版，第19-20页。
② 部分论著的描述为"兰生竞"。本书采用甘祖昌署名的《在湘赣苏区兵工厂的日子里》一文的记录，文中两次出现"兰生竟"的名字。
③ 新疆军区编：《一代风范：将军农民甘祖昌》，乌鲁木齐：新疆大学出版社2002年版，第48页。
④ 新疆军区编：《一代风范：将军农民甘祖昌》，乌鲁木齐：新疆大学出版社2002年版，第48页。

第一章
甘祖昌其人其事

工厂"日产几万发子弹,一万多个手榴弹",专门成立了一个子弹厂,还增加了造迫击炮的任务。

1933年春天来临的时候,国民党陈光中、陶广率领大批反动军队猛烈进攻中央苏区。为了安全和隐蔽,子弹厂搬到永新县和山一带。后来,由于陈光中、陶广的部队占领了莲花县,附近的重要交通要道都被控制了,沿途设置了很多岗哨、关卡,盘查得很严密,这增加了甘祖昌同志外出采购原料的难度。这就是第四个困难。

然而,在这种背景下,甘祖昌同志毫不退缩,迎难而上,每次外出采购都发挥不怕苦不怕死的大无畏精神,翻山越岭绕过敌人的驻地,因此多走了不少路程,每个昼夜的行程都多达百余里。当然,绕路出行并不代表就安全,仍然随时都有可能遇到敌人的巡查和盘问,时刻都有可能遭遇到危及生命的危险状况。有一次,甘祖昌同志带领几十个群众采购返程时就遇到了两个持枪的保安团敌兵,他们通过智取化险为夷,并成功地俘虏敌兵。尽管这段时间的采购任务非常艰巨,甘祖昌同志从不推卸、从不拖延,硬是凭借着自己的聪明才智,遇到一个困难就克服一个。即便他本人,对这段时间的工作也是比较满意的,用甘祖昌同志自己回忆的话来说:"就在敌军陈、陶部驻扎莲花的日子里,为了狠狠打击进犯苏区的白军,为了人民革命斗争的胜利,为了党的事业,我爬过无数的山岭,穿过无数的山河,在白区完成了采购和运输的任务,保证了兵工厂子弹的正常生产。"[①]

---

① 新疆军区编:《一代风范:将军农民甘祖昌》,乌鲁木齐:新疆大学出版社2002年版,第50页。

四、主动请缨辉煌长征

1933年9月起，蒋介石调集百万大军采取堡垒战术，发起第五次"围剿"。其中，直接用于进攻中央苏区的兵力就达50万人。然而，由于王明等"左"倾冒险主义的错误领导，导致中国工农红军损失惨重，第五次反"围剿"以失败告终。面对生死存亡的严峻考验，从1934年10月至1936年10月，红军第一、第二、第四方面军和第二十五军进行了伟大的长征。长征开始前，我们党在永新县组成了红六军团。红六军团成立后，制订了赣西游击计划，确定了红六军团的基本任务、活动范围、游击区域及战略战术。1934年8月初，红六军团全体指战员在红独立第四团的领导下，秘密离开牛田地区向遂川方向前进。连续突破敌军4道封锁线后，到达湖南桂东县的寨前圩。萧克同志曾回忆说："红六军团突围西征，比中央红军长征早两个月，为中央红军长征起到了侦察、探路的先遣队作用。"与此同时，党组织还从兵工厂和子弹厂各抽调了50名工人，随军负责枪械修理工作。甘祖昌同志并没有名列其中，于是他就此事多次找领导主动请缨，但领导都不批准。在这种状况下，甘祖昌同志并没有放弃，又一次到军区后勤部去请求，依然是无果而终。

在部队出发前两天，甘祖昌同志抱着最后一丝希望，来到了军区供给部，遇到了供给部政委刘德，再次提出了出征的要求。刘德政委向甘祖昌同志解释："组织上考虑你在地方上工作惯了，部队战斗任务很紧张，有时一天要跑一二百里，怕您（你）身子受不了，所以决定你还是留在地方工作。"甘祖昌同志却坚持说："我在兵工厂工作，还是搞采购工作，也是整天在外面跑的，有时一天也要跑百多里，不会吃不消的。"[①] 经过甘祖昌同志的再三坚持，刘德政委也被他执着的精神打动了，最终决定调他到后勤

[①] 新疆军区编：《一代风范：将军农民甘祖昌》，乌鲁木齐：新疆大学出版社2002年版，第53页。

第一章
甘祖昌其人其事

部来工作，随军西征。于是，甘祖昌同志的长征之旅就这样开始了。

1934年9月，部队从广东到达湖南省境内，甘祖昌同志调任红六军团五十三团司令部司务长。① 这时，甘祖昌同志的主要工作任务就是为部队筹措粮食。有一次，他带着一百多人去筹集粮食，刚下山就遇到敌人的伏击，双方打了一场激烈的遭遇战。在战斗中，甘祖昌同志不幸被一颗子弹击中脑门，这偏偏又是曾经被敌人用斧头砍伤过的地方。旧疤新伤，鲜血不断从脸上流下来。甘祖昌同志顺着伤口一摸，子弹还有小半截露在外面，他忍着巨大的痛苦，咬紧牙关硬是把子弹拔了出来。简单包扎伤口后，甘祖昌同志便又投入战斗中去了，最终，他凭借着坚强的毅力和果断的决策，带领大家冲出敌人的包围。直到筹集三千多斤的粮食送回部队后，甘祖昌同志才前往医疗所去处理伤口。甘祖昌同志任务高于生命的强烈责任感让同志们无比钦佩，正所谓："裹尸马革英雄事，纵死终令汗竹香。"②

长征的过程是艰苦卓绝的，缺衣少粮是常有的事情，有时一点点能够充饥的食物在红军战士眼中都是美味佳肴。有一次，甘祖昌同志所在部队来到湖南西部和四川、贵州交界的地方，为了摆脱敌人的追击，一天之内急速行军，成功地把敌人远远地甩在后面。停下来休息的时候，他才意识到奔波了一天，粒米未进，肚子早已饿得咕咕直叫。可是，此时周边却是大山环绕、荒无人烟。除了能喝点山泉水，身上没有其他的食物了。就在一筹莫展时，有一个同志不知从什么地方买来了一罐蚕豆，大家一分，每人手中只有八颗。战士们像是得到珍珠一样仔细端详，然后放一颗到口中慢慢品尝。甘祖昌同志还略带幽默地说："我长这么大，就没有吃过这样香甜的蚕豆，要不是炒熟了，我还准备留两颗做种呢！"他的这一句话逗得大家哈哈大笑。吃完八颗蚕豆，喝几口山泉水，战士们又精神抖擞地启程

---

① 新疆军区编：《一代风范：将军农民甘祖昌》，乌鲁木齐：新疆大学出版社2002年版，第53页。
② 新疆军区编：《一代风范：将军农民甘祖昌》，乌鲁木齐：新疆大学出版社2002年版，第54页。

了。① 这就是八颗蚕豆的故事，充分反映了红军战士们不屈不挠的战斗精神和乐观的革命主义精神。

1934年10月，红六军团到达贵州东北部的石阡县。敌人以几个军的兵力包围过来，为了打破包围，充实队伍的战斗力，甘祖昌同志和一百多名工人都被编入了前线部队。在一次抢占一个山头制高点的战斗中，甘祖昌同志不小心一脚踩在一块尖锐的石头上，顿时鲜血直流，他简单地进行了包扎就又迅速投入战斗中去。

占领山头后，甘祖昌同志就感觉脚痛得非常厉害，由于缺少有效的医疗，到第二天脚就肿大起来，行军时只好用一根木棍撑着，一瘸一拐艰难地走路。同志们想用担架抬他，但被他倔强地婉言谢绝了："你们看，我们的政委王震同志，他还不是赤脚，脚上流着血和大家一道走，我为什么不能走！"就这样，甘祖昌同志拖着一条伤腿，凭借顽强的意志随着部队在石阡县和敌人周旋、战斗整整28天。英勇不屈的红军战士最终突破了敌人的重重包围，与原来在贵州东北部一带坚持打游击战的红三军胜利会师。两支队伍合编为红二、六军团。由贺龙担任总指挥，在湘鄂川黔开创革命根据地，坚持斗争一年。

1935年11月19日，红军第二、第六军团退出湘鄂川黔革命根据地，分别从桑植刘家坪、瑞塔铺出发，进行战略转移。经过一年漫长而艰辛的历程，于1936年10月到达陕北，和红一、四方面军会合。② 至此，甘祖昌同志胜利走完了长征之路，这是了不起的。习近平总书记曾经对长征做出这样的评价："长征在我们党、国家、军队发展史上具有十分伟大的意义，对中华民族历史进程具有十分深远的影响。"③

---

① 新疆军区编：《一代风范：将军农民甘祖昌》，乌鲁木齐：新疆大学出版社2002年版，第54—55页。
② 新疆军区编：《一代风范：将军农民甘祖昌》，乌鲁木齐：新疆大学出版社2002年版，第56页。
③ 习近平：《在纪念红军长征胜利80周年大会上的讲话》，北京：人民出版社2016年版，第2页。

五、智取军火充实武装

在抗日战争时期，甘祖昌同志根据组织的安排，经历了几次工作调动，历任"三五九旅供给部军需科长、旅供给部副部长、部长，湖南人民抗日救国军供给部副部长"①。

1937年7月7日，卢沟桥事变爆发，中国守军奋起抵抗日军的进攻。中国开始奋起进行全民族抗战，在东方开辟了世界第一个大规模的反法西斯战场。事变发生的第二天，中国共产党就通电全国，号召全中国同胞团结起来，筑成民族统一战线的坚固长城，抵抗日本的侵略。同年8月，国共两党达成协议，将陕北的红军主力改编为国民革命军第八路军（简称八路军。不久改称第十八集团军）。当时，甘祖昌同志在八路军一二〇师三五九旅供给部任军需科长，负责粮食和军械工作。9月至11月，日军发起华北战场上规模最大、时间长达两个月的太原会战，最终以中国失利而告终。这年的冬天，三五九旅来到晋西北抗日前线，根据党中央和毛泽东同志的指示，广泛地发动群众参加抗日战争，开辟敌后战场。

这段时间，甘祖昌同志做了一件被大家广为传颂的事情，那就是智取日寇军火库。当时的三五九旅供给部的干部在崞县西闯的大牛店，组织当地群众成立了一支一百多人的游击队。有些在敌占区的原平镇青年知道后，便冒着生命危险，瞒着家人前来参加游击队。游击队队伍壮大了，枪支数量却严重不足，出现了短缺问题。如何解决人多枪少的矛盾，成为一件至关重要的事情、一个必须破解的问题。

有一次，一位游击队队员的家属探亲的时候提到原平镇的一个大堡子存放有大量军火。甘祖昌同志经过多方打探后，确定了那座大堡子是阎锡山的军火库，日军占领原平镇后，没把这个军火库放在眼里，只是在大门

---

① 新疆军区编：《一代风范：将军农民甘祖昌》，乌鲁木齐：新疆大学出版社2002年版，第3页。

上加了一把锁，日常的防守也非常松懈、薄弱。甘祖昌同志认为这是一个获取军火供给部队的大好机会，于是向部队领导做了汇报，计划拿下这个军火库。

白天时，甘祖昌同志化装成一名普普通通的百姓，混进了大堡子附近。此时，他惊喜地发现，这里竟然没有任何一名日军把守，在对附近地形进行了详细勘察以后，他回营地制订了详细的作战方案。夜里，甘祖昌同志带领一百多名游击队员，冒着严寒秘密潜入军火库附近。各行动小组按部就班后，甘祖昌同志带领十多名战士在军火库的墙角下，迅速挖开一个洞，猫着身子钻了进去。虽然军火库里面没有枪支，但里面箱子装的都是炸药、雷管、步枪子弹和迫击炮弹。当晚，甘祖昌同志和战士们满载而归，搬回了三万多发子弹和大量的炸药、炮弹。这些军火只不过是其中的一小部分。于是，甘祖昌同志决定第二天再次行动。经过侦察，发现敌人并无异常。第二天夜晚的行动也是非常顺利。到了第三天夜晚，正要行动时，突然发现来了巡逻的日本兵，气氛一下子就紧张起来，战士们已经做好了战斗准备。但巡逻的日本兵只是拿着手电筒简单地查看一下军火库大门的锁头，之后就离开了。随后，甘祖昌同志带领战士们继续行动。

就这样，甘祖昌同志连续行动了十一个夜晚，把大堡子的军火搬得一干二净，而敌人却浑然不知。这次行动总共得到子弹30多万发，黑色炸药300多箱，雷管500多箱，迫击炮弹1000多箱。[1]这些军火对八路军的抗战具有很大的贡献。

不久，在王震同志的指挥下，甘祖昌同志随部队转战华北，完成了大小百余战的后勤保障任务，为保证战斗的胜利立下了重要功劳。

---

[1] 新疆军区编：《一代风范：将军农民甘祖昌》，乌鲁木齐：新疆大学出版社2002年版，第59—61页。

六、大光纺织厂

1939年，陕甘宁边区正处于极其艰难的时期。国民党调集20万大军，配合侵华日军包围、封锁陕甘宁边区，切断了所有进入边区的渡口、要道，叫嚣不让一斤棉花、一尺白布进入边区，妄图把边区150万军民困死。①毛泽东同志回忆这段艰辛的岁月时曾说："我们曾经弄到几乎没有衣穿，没有油吃，没有纸，没有菜，战士没有鞋袜，工作人员在冬天没有被盖。国民党用停发经费和经济封锁来对待我们，企图把我们困死，我们的困难真是大极了。"②正是在这样艰难的处境下，甘祖昌同志所在的三五九旅奉命调回陕甘宁边区，保卫党中央。为了解决战士们的穿衣问题，时任旅供给部军需科科长的甘祖昌同志开动脑筋，想尽一切办法排除万难，筹集了大批棉布，基本保障了部队两年的棉布供应。

然而，困难依然存在，物资仍然短缺。如1940年，每人一年只能配给1套棉布、两件单衣、两条毛巾。到了1941年就更加困难了，由于在匹储备减少，每人每两年才发1套棉衣，每年一套单衣和两条毛巾。③为了打破困局，毛泽东同志发出了"自己动手，丰衣足食"的号召，提出在一两年内争取做到工业品全部自给，首先是布和铁的自给。三五九旅就是在这样的大背景下，全力贯彻兵工制度，大力兴办纺织厂、毛纺厂、缝纫厂、鞋厂。

1940年9月，负责军需工作的甘祖昌同志接到了党组织下达的命令，需要在陕西绥德县一带筹建纺织厂。当时，甘祖昌同志在筹建纺织厂时可谓捉襟见肘，面临一系列的难题，主要是一没厂房，二没资金，三没机

---

① 李甲群、张红英：《筹备军需纾国难　振兴实业济时艰——甘祖昌在三五九旅发展纺织工业纪实》，乌鲁木齐：新疆大学出版社2002年版，第63页。
② 《毛泽东选集》第三卷，北京：人民出版社1991年版，第892页。
③ 李甲群、张红英：《筹备军需纾国难　振兴实业济时艰——甘祖昌在三五九旅发展纺织工业纪实》，乌鲁木齐：新疆大学出版社2002年版，第63页。

器，四没原料。怎么办呢？甘祖昌同志首先带领战士们勘察选点，开挖窑洞，解决场地问题。接着，甘祖昌同志又走遍了绥德县的大街小巷，甚至城镇乡村，一一探访会纺纱织布的群众，从一位耳聋的老婆婆家里借来一架旧织布机，解决机器问题。至于资金问题，甘祖昌同志向一位商人赊了一捆①16支纱做经线，以战士们手纺的土纱为纬线，专门请了当地的织布能手崔米兰进行试机，结果成功了。这令甘祖昌同志喜出望外。一天一夜的时间共织了一丈二尺窄面布，刨除成本，比当时的市场价还便宜三分之一。王震知道后，还亲自来看了一下，非常高兴地说："老甘，不错呀！我们自己能织布了！"②

成功跨出第一步后，甘祖昌同志的信心大增，决定扩大生产规模，在旅修械所拼凑了19架小木机子，又从山西购进了4架铁机子，这样就使生产的机器数量大增。为了提高生产效率，甘祖昌同志比较注重人才培养，并为此主持开办了旅供给部训练班，在部队里调选具有纺织基础的同志，以他们为技术骨干，在龙王庙建起了织布厂。王震命名并题写了厂名——"大光纺织厂"，又手书了一副对联，上联：动手动脚，自给自足；下联：同心同德，爱国爱民。纺织厂当年建成并投产，生产了四十码洋土大布77匹、二十码洋土小布760匹、三丈六尺长的毛布6匹。③产量虽然不是特别多，但对于白手起家的甘祖昌同志来说，这已经很了不起了。

为了节约做军装的布料，甘祖昌同志有空就不停地琢磨，把衣裤、帽子全拆开，和裁缝师傅一起研究，后来采用拼凑的办法，这样一匹布竟能多裁一两套军衣，就连裁缝师傅都十分钦佩甘祖昌同志的聪明才智。此事受到了上级的表扬，后来甘祖昌同志"被提拔为三五九旅供给部副部长兼

---

① 大约7.14斤。
② 李甲群、张红英：《筹备军需纾国难 振兴实业济时艰——甘祖昌在三五九旅发展纺织工业纪实》，乌鲁木齐：新疆大学出版社2002年版，第64页。
③ 李甲群、张红英：《筹备军需纾国难 振兴实业济时艰——甘祖昌在三五九旅发展纺织工业纪实》，乌鲁木齐：新疆大学出版社2002年版，第65页。

军需科长"。①

1941年，甘祖昌同志为了进一步扩大生产，在部队调集了100多人进行技术培训，还在当地招收了50多名年轻人进厂当工人。工人力量壮大了不少，机器也随之升级，"把手拉木质织布机逐步改为铁质脚蹬机，其中最珍贵的一架机子，零部件达到几十个"。值得一说的是，这部复杂、珍贵的织布机，是在甘祖昌同志的直接组织指挥下，由旅供给部的同志共同研制成功的，曾在陕甘宁边区展览会上展出，成为边区织布机之最。②

有了这些举措，效果是十分明显的。1941年的产量非常喜人，比上一年可以说是突飞猛进：四十码洋土大布3051匹，增长了近40倍；二十码洋土小布5293匹，增长了近7倍；三丈六尺毛布2061匹，增长343倍；毛毯637床；毛巾913打。创造了非常好的经济效益，因此受到了上级表扬。③

甘祖昌同志负责的大光纺织厂不仅在边区小有名气，就连敌人都听说了。1942年，日本帝国主义和国民党反动派加大对边区的封锁力度，禁止棉纱运输。这给纺织厂的生产造成极大的困难，纺织厂几乎陷入停滞状态。在这种情况下，甘祖昌同志便组织群众，大量收购和换购棉花，在上级的支持下，还提出全旅总动员，人人纺纱，并实施奖励办法。于是，边区出现了如火如荼、人人纺纱的热闹景象。从王震旅长到普通战士，不管是熟练的，还是生手，全都撸起袖子学纺纱。特务团政委谭文邦的爱人陈敏，带着两个不足四岁的娃娃，每日纺一等线2两半多。政治部主任李信的爱人柳惠明纺纱效率非常高，曾被评为劳动模范。④为了调动广大群众的积极性，边区规定纺织是有偿的，纺一斤棉线，付给一斗小米或一斤半的熟

---

① 龚全珍：《我和老伴甘祖昌》，南昌：江西教育出版社2014年版，第37页。
② 李甲群、张红英：《筹备军需纾国难 振兴实业济时艰——甘祖昌在三五九旅发展纺织工业纪实》，乌鲁木齐：新疆大学出版社2002年版，第65页。
③ 李甲群、张红英：《筹备军需纾国难 振兴实业济时艰——甘祖昌在三五九旅发展纺织工业纪实》，乌鲁木齐：新疆大学出版社2002年版，第66页。
④ 李甲群、张红英：《筹备军需纾国难 振兴实业济时艰——甘祖昌在三五九旅发展纺织工业纪实》，乌鲁木齐：新疆大学出版社2002年版，第66页。

棉花。此外，还成立了家属学校，把妇女集中起来学习纺织，手工熟练的，一天能纺一等线二三两，即便是手慢的，也能纺二等线2两。但手工的速度还是难以保障棉纺的供应，因此，甘祖昌同志决定拓宽渠道，筹款购置了4架棉花机、40多架纺纱机，创建了纺纱厂，至此才比较彻底地解决了棉纱供应的不足。

作家吴伯箫曾写过一篇纪实文章——《记一辆纺车》，就是回忆当时大生产运动时期的纺纱故事，文中写道："那个时候在延安，无论是机关的干部，学校的教员和学员，部队的指挥员和战斗员，在工作、学习、练兵的间隙里，谁没有使用过纺车呢？纺车跟战斗用的枪、耕田用的犁、学习用的书和笔一样，成为大家亲密的伙伴……纺车是作为战斗的武器使用的。"透过这篇文章，可以看出纺织工业对边区生活、抗战所起到的重要作用。这也反映出甘祖昌同志肩负的军需重任的极端重要性，更能够认识到他做好军需工作的贡献。

随着纺织技术的提升，纺纱厂生产的品种越来越多，由之前"单一的窄面白布，发展到生产宽面细洋布、花格子布、斜纹布、土褡裢布、华达呢、粗毛呢、花格毛毯和毛巾等10多个产品"。产品丰富化的同时，质量也得到了提高。据当时红军战士的回忆，纺织厂生产的布料"质量好，布面平整，布边崭齐，布眼正方，疙瘩很少，坚实耐用"。一二〇师政委关向应使用该厂生产的毛巾后，赞不绝口，说："三五九旅真不赖呀！他们不只在南泥湾种出棒子和南瓜，还能织出这么好的毛巾！"[①]除了毛巾以外，最受农民群众欢迎的是"四八土布"和"褡裢布"，甚至远销到国民党统治区。

甘祖昌同志并不满足于纺纱的生产，陕北的冬天非常寒冷，还需要解决冬服的供应问题。于是，他提出要发展毛纺业，组织了大批采购员在陕北山区，在甘肃，乃至山西敌后和国民党统治区，大量收购羊毛和驼毛；

[①] 李甲群、张红英：《筹备军需纾国难 振兴实业济时艰——甘祖昌在三五九旅发展纺织工业纪实》，乌鲁木齐：新疆大学出版社2002年版，第67页。

又在榆林、宝鸡等地聘请技术人员,和工人一起研究改进土织布机,先后建起了大兴毛织厂、瓦窑堡织丝厂、纺织所,纺织工业的生产体系基本成形了。不久,缝纫厂、鞋厂也相继建成投产。1943年1月,王震提出"今年全旅官兵着毛呢服过冬"①,这个生产任务交给了甘祖昌同志。

为了完成任务,甘祖昌同志再次动员广大官兵投身生产,全旅官兵每人发给羊毛4公斤,在2月、3月和10月、12月利用休息时间自己动手捻线。当时明确规定:以团为单位统一送大光第二毛纺织厂织毛呢,加工服装。与此同时,还专门制定了奖励的办法:由旅供部按每斤头等线7元、二等线6元、三等线5元边币发给补贴,为个人所有。这样,极大地调动了群众的能动性、积极性,捻线成为边区日常生活的重要部分。

然而,生产数量上来了,如何保证质量就成为一个重要的问题。为了保证毛布的质量,甘祖昌同志不辞辛劳,苦心钻研织布技术,制定了相应的技术标准:每两线必须达到长度5060丈②的规格。在捻毛线遇到困难时,甘祖昌同志又不失时机地鼓舞人心,提升士气。他说:"我们八路军,能粉碎蒋介石的围剿,能打垮日本帝国主义的侵略,能叫南泥湾长出粮食来,还能叫捻线难住?不为穿衣服,也要争这口气!人人要坚定信念,捻好毛线,彻底粉碎日本鬼子和蒋介石的经济封锁。"③有人编了一曲小调,战士们边捻线边唱:

> 小小拨吊本领强,捻出线儿细又长,
> 一个一个手中拿,换来呢料棉衣裳。
> 吃得饱,穿得暖,打仗生产有力量!
> 经常封锁白费劲,越困我们越富强!

---

① 李甲群、张红英:《筹备军需纾国难 振兴实业济时艰——甘祖昌在三五九旅发展纺织工业纪实》,乌鲁木齐:新疆大学出版社2002年版,第68页。
② 指50丈、55丈、60丈这三个规格。
③ 李甲群、张红英:《筹备军需纾国难 振兴实业济时艰——甘祖昌在三五九旅发展纺织工业纪实》,乌鲁木齐:新疆大学出版社2002年版,第69页。

气死奸贼蒋该死,吓死日本小东洋!①

战士们的歌声和纺织机的转动声浑然合一,动听的旋律飘荡在黄土高坡,让人们坚定了对未来美好生活的信心,越干越有劲。这一年的冬天,纺毛线的任务完成了,毛呢也织出来了,生产的毛呢产品多达十多种。甘祖昌同志不负众望,使全旅官兵都穿上了毛料服装,每个指战员都有一套黄呢新军服。陕北的老百姓觉得既新鲜又兴奋,说:"从来没有见过当兵的能穿上黄呢子军衣。"有人感慨:"咱们军队不简单呀!指战员除了不会生娃娃,什么都行。"②

1944年,三五九旅的大光纺织厂拥有140台织布机,年产量再创新高,生产了"四十码洋土大布6753匹,毛布2000匹,毛毯约1000条,毛巾2121打,纺织产品有格子布、帆布、斜纹布、裙子褶、华达呢等200多个品种"③。正是甘祖昌同志在组织的领导下,带领战士们吃苦耐劳,排除万难,使得大光纺织厂从无到有,从简到优,与边区纺织厂、难民纺织厂并列为三大纺织厂,为最终粉碎国民党反动派和日本侵略军的封锁,为陕甘宁边区的纺织工业都做出了重要贡献,也为抗战的胜利打下了坚实的物质基础。

---

① 李甲群、张红英:《筹备军需纾国难 振兴实业济时艰——甘祖昌在三五九旅发展纺织工业纪实》,乌鲁木齐:新疆大学出版社2002年版,第69页。
② 李甲群、张红英:《筹备军需纾国难 振兴实业济时艰——甘祖昌在三五九旅发展纺织工业纪实》,乌鲁木齐:新疆大学出版社2002年版,第70页。
③ 李甲群、张红英:《筹备军需纾国难 振兴实业济时艰——甘祖昌在三五九旅发展纺织工业纪实》,乌鲁木齐:新疆大学出版社2002年版,第70页。

七、抱病南下二次长征

1944年冬,王震同志奉命带领三五九旅到广东与东江纵队会师,甘祖昌同志坚决请缨随部队孤军南征。值得一说的是,当部队要出发的时候,甘祖昌同志身体状况令人担忧,"失眠、咳嗽、吐血,骨瘦如柴"。就连卫生部长都皱眉头,劝他说:"你最好不要去,你的肺结核已经到第三期了,这次南下非比一般,你要是一定要去,结果就是有去无回。"在这种情况下,组织上也准备让他离队修养。然而,甘祖昌同志却坚定地说:"要革命,总会有牺牲,哪里的黄土不埋人?要是死了,就是尽了自己的义务,不死就继续干革命!"①在他的坚决要求下,南征最后得到批准。

部队从延安出发,渡黄河,跨长江,穿越数千里敌占区,沿途冲破了敌军重重围追堵截,胜利到达了湘粤边界,开辟了新区。南下的征途异常的艰辛,"遇到了比长征时更艰苦的战斗"。有一次,"在广东八面山、百熊锁,被敌人重重包围,部队连续三天三夜奋战,难以突围,甘祖昌同志病倒在地上。王震同志都动员他化装成老百姓,离队回乡。甘祖昌同志态度非常坚强(决),宁死不离队"②!甘祖昌同志曾说了这样一句话:"只要我还有一口气在,就能跟部队一起走。"

几番苦战后,部队终于杀出一条血路,转危为安。后来因敌情变化,部队奉命北返。"此行往返近两年,行程二万七千里,经过大小战斗三百余次,创造了军事史上又一个奇迹,被毛泽东同志赞誉为我军第二次长征。"③

---

① 龚全珍:《我和老伴甘祖昌》,南昌:江西教育出版社2014年版,第38页。
② 龚全珍:《我和老伴甘祖昌》,南昌:江西教育出版社2014年版,第38页。
③ 新疆军区编:《一代风范:将军农民甘祖昌》,乌鲁木齐:新疆大学出版社2002年版,第2页。

八、服务新疆稳定粮银

解放战争时期,甘祖昌同志"历任纵队后勤部长、军后勤部长、兵团后勤部副部长、部长"[①]。在王震同志的率领下,他征战大西北,足迹遍及甘肃、青海、新疆,翻越了白雪皑皑的祁连山,穿越了飞沙走石的茫茫戈壁滩,直入地域辽阔的新疆大地,征途数千公里,参加大小战斗多达数十次。在物资供应极度匮乏的情况下,他依然出色地完成了部队的后勤保障工作,为新生人民政权的建立做出了应有的贡献。

中华人民共和国成立后,甘祖昌同志仍然坚持在后勤工作岗位,"历任第一兵团后勤部副部长、部长,新疆军区后勤部副部长兼任供应部部长、财务部部长、新疆军区后勤部部长"[②]。

新疆解放初期,国民党在新疆留下的是一个千疮百孔、民不聊生的烂摊子,那时也是后勤工作非常艰难的时期。当时的投机商人囤积粮食,导致乌鲁木齐居民面临粮食短缺和断供的危险,当地粮库的储量仅能供应三天。甘祖昌同志决定将市民不习惯食用的高粱面全部收购,拨给部队使用;同时,将供应给部队的面粉,交给粮食部门面向市民销售,暂时缓解了粮食的供应危机。为彻底解决粮食问题,甘祖昌同志不辞辛劳几次到北京找周恩来总理拨款购粮,组织了500辆卡车承担粮食的运输任务,调动了400多人在新疆的产粮区购买粮食。[③]这场"粮食大战",最终稳定了新疆的粮食供应。

除了"粮食大战",甘祖昌同志还面临一个严重的问题:通货膨胀、金融混乱,失序的经济状况使老百姓苦不堪言,严重阻碍了经济发展。这是一

---

① 新疆军区编:《一代风范:将军农民甘祖昌》,乌鲁木齐:新疆大学出版社2002年版,第4页。
② 新疆军区编:《一代风范:将军农民甘祖昌》,乌鲁木齐:新疆大学出版社2002年版,第4页。
③ 王化明:《转战三千里 丹心图报国——甘祖昌运筹"粮食"、"银圆"大战》,乌鲁木齐:新疆大学出版社2002年版,第99页。

个"比进军新疆和剿匪平叛作战的后勤保障更加困难"的任务。[1]甘祖昌同志作为新疆和新疆军区财经委员会的成员,再次勇往直前,迎难而上,经过精心的策划和准备,制订了打击金融投机分子的方案,发起了"银圆之战"。甘祖昌同志先从北京调拨19万两白银在水磨沟铸币厂铸造银圆,之后从军区的50万块机动银圆中拨出47万块,由军区合作总社统一部署,分配给乌鲁木齐地区24万块,喀什地区23万块。当时乌鲁木齐的投机商在集市上蛊惑人心,"每块银圆售价新疆币82元,每两黄金兑换银圆价92~120元",身着便服的解放军与其进行了针锋相对的斗争,采取低价售出的方式,最终使每块银圆跌到30元,投机商严重亏损。银圆价格稳定后,甘祖昌同志马上提议政府出台政策,禁止金条、银圆在市场流通,一律由人民银行挂牌收兑。不久,政府收兑新疆币,使人民币成为新疆的唯一货币。

"粮食之战""银圆之战"是没有硝烟的战斗,其难度绝不亚于一场实实在在的战斗。然而,在困境面前,甘祖昌同志迎难而上,激流勇进,充分显示出共产党员的勇者风范。正如甘祖昌同志所言:"凭什么,就凭党和毛主席的领导。任何人是无法阻止我人民解放军勇往直前的,我们人民解放军是战无不胜的!在经济困难面前,凭的就是八个字'艰苦创业,自力更生'。终于从'生灵涂炭尽'的境地走了出来,在新疆站稳了脚跟。"[2]

九、解甲归田心系人民

不管职务如何变迁,甘祖昌同志始终在工作岗位上不忘初心、任劳任

---

[1] 王化明:《转战三千里 丹心图报国——甘祖昌运筹"粮食"、"银圆"大战》,乌鲁木齐:新疆大学出版社2002年版,第100页。
[2] 王化明:《转战三千里 丹心图报国——甘祖昌运筹"粮食"、"银圆"大战》,乌鲁木齐:新疆大学出版社2002年版,第101-102页。

怨、迎难而上、全力以赴。甘祖昌同志的辛勤劳动和无私奉献,被党和人民铭记于心,他"1955被授予少将军衔,并荣获二级八一勋章、二级独立自由勋章和二级解放勋章"①。甘祖昌同志正是用辛勤的劳动,赢得了尊敬、赢得了荣光。

甘祖昌少将

和平解放新疆后,甘祖昌同志曾遭遇一次车祸,留下了严重的脑震荡后遗症,后来住进了军区医院,但"他不愿意国家养着自己,衣来伸手,饭来张口,整日无所事事"②。从1955年到1957年,甘祖昌同志先后三次向上级请求回乡劳动,每张报告的内容都一样,写着:"自1951年我跌伤后,患脑震荡后遗症,经常发病,不能再担任领导工作了,但我的手和脚还是好的,我请求组织上批准,我回农村当农民,为建设社会主义新农村贡献力量。"③

1957年,上级组织批准了甘祖昌同志回乡务农的请求。为了给国家节

---

① 新疆军区编:《一代风范:将军农民甘祖昌》,乌鲁木齐:新疆大学出版社2002年版,第4页。
② 新疆军区编:《一代风范:将军农民甘祖昌》,乌鲁木齐:新疆大学出版社2002年版,第149页。
③ 龚全珍:《我和老伴甘祖昌》,南昌:江西教育出版社2014年版,第73页。

约差旅费，甘祖昌同志"把所有的行李精简成三个箱子、三个麻袋，（但）却带着八只笼子，笼子里装着6头约克猪、15对安哥拉兔、15只来亨鸡"。他为的就是要把这些优良品种带回家乡发展养殖业。①

8月中旬，甘祖昌同志一家老小共14人从新疆出发，经过半个多月的旅途，才回到江西老家，见到三个弟弟后，他说："我们回来了，可不是来当官的，是回家当农民搞生产的……我参加革命，在外面几十年，弟弟们为我参加革命吃了苦，光我们家的房子就烧了4次，现在我回来了，有福同享，有苦同当，一块过吧！"②

将军回农村当农民，这可是一件新鲜事，一时间成为乡亲们热议的话题，很多人觉得不可思议，认为"他回农村大概是养病吧，决不会长期住在农村的"③。面对乡亲们的疑惑，甘祖昌同志用实际行动践行了中国共产党人的宗旨——为人民服务，在他的自传《战斗在农村》一书中感情真挚地写道：

1957年8月，我带着爱人、儿女、孙子愉快地回到农村。乡亲们都感到很稀奇，不相信我会参加劳动，更不相信我会扎根农村。只有用我的实际行动来说明一切吧！回家休息了三四天，就开始带孩子们捡粪积肥。我看到附近的虎形山没有开垦，就问原因。干部社员们反映，这是死黄泥，种不出东西来，过去也开过荒，结果浪费了人力，没收到东西。我想，红壤土缺乏有机肥，但这种情况是可以改变的。在开荒时把表层刨开，挖深下面的土，然后把表层又铺在面上，再加上些有机肥，这样当年冬天就种出了大萝卜、红薯等作物。事实教育了群众，社员们也纷纷开荒种植。大片红壤土为人们利用起来，增加了农民的收入。

随后我又和社员们搞水利建设。修水渠建浆山水库压力水管，有了这

---

① 甘仁荣：《父亲甘祖昌》，南昌：江西教育出版社2019年版，第38页。
② 龚全珍：《我和老伴甘祖昌》，南昌：江西教育出版社2014年版，第78页。
③ 新疆军区编：《一代风范：将军农民甘祖昌》，乌鲁木齐：新疆大学出版社2002年版，第25页。

些水利设施基本上做到旱涝保收,还可以利用水力发电。大队也因此有了张米厂、面条厂等小型企业。50多年来,我一直保持了艰苦朴素的生活作风。我的工资很高,但一直是一般的生活水平,我把大部分钱用到支援农业建设上。23年来买化肥、农药及修水库、桥梁等,共捐献了8万多元。①

一分耕耘一分收获。正是由于甘祖昌同志在家乡勤勤恳恳无怨无悔,"修建水库、水渠、建设电站,架桥修路,带领群众改造红壤土,改造冬水田,使家乡甩掉了吃回销粮的帽子"。②

甘祖昌同志回乡务农的事迹很快不胫而走,《江西日报》就发表过长篇通讯,宣传报道甘祖昌同志的先进事迹。在1975年,中共江西省委号召在全省开展学习甘祖昌同志的革命精神,他的先进事迹被广为宣传,通讯稿《井冈山下普通一兵——记老红军战士甘祖昌同志艰苦奋斗的事迹》还被编入了初中二年级语文课本。③这位"将军级农民"越来越被外人所熟知,其精神影响了越来越多的人。

甘祖昌同志回乡29年,和乡亲们一起,修起了3座水库、25公里长的渠道、4座水电站、12座桥梁,还被江西省农科院聘为特约研究员。④1986年3月28日,甘祖昌同志不幸病逝于江西莲花县。在弥留之际,他念念不忘家乡的建设,用尽最后的力气说:"领了工资,买化肥农药,送给……贫困户……支持农业建设……我不要房子,不要盖房子……"⑤

以上便是甘祖昌同志革命的一生、奋斗的一生、传奇的一生。前半生献给革命,孜孜追求解放事业;后半生心系人民,艰苦奋斗为民谋利。他是一位好党员、好战士、好干部、好将军、好农民,正如习近平总书记所指出的,"与群众无距离,善谋事能成事"。甘祖昌同志的一生高风亮节,

---

① 龚全珍:《我和老伴甘祖昌》,南昌:江西教育出版社2014年版,第84-85页。
② 新疆军区:《一代风范:将军农民甘祖昌》,乌鲁木齐:新疆大学出版社2002年版,第5页。
③ 蒋秋生:《卷潮求索录》,南昌:江西人民出版社2008年版,第216页。
④ 林木:《将军农民甘祖昌》,《党史博览》2004年第5期。
⑤ 新疆军区编:《一代风范:将军农民甘祖昌》,乌鲁木齐:新疆大学出版社2002年版,第6页。

堪称中国共产党人的光辉典范；甘祖昌同志的先进事迹凝结成强大的精神力量，激励着广大人民群众不断奋进。因此，我们说，了解甘祖昌其人其事，是认识、理解和把握甘祖昌精神的前提和基础。

第二章
甘祖昌精神的提出与诠释演化

"一切划时代的体系的真正的内容都是由于产生这些体系的那个时期的需要而形成起来的。"甘祖昌精神是以甘祖昌同志的名字命名、以甘祖昌同志的崇高品质为基本内涵、在实践中不断丰富和发展着的文化精神,它是从甘祖昌同志的人生经历和光辉事迹中提炼概括出来的精神样态,其本身就跨越革命、建设和改革三大历史时期,是在时代的需要发展中生成和丰富起来的,成为中国共产党革命精神的重要组成部分。甘祖昌精神自提出以来总是随着时代的变迁而不断被重新认识、重新解读、重新诠释,不断得到丰富、发展和大力弘扬。新时代弘扬甘祖昌精神,要坚持历时性和共时性相结合,从甘祖昌精神提出与演化中准确地把握其科学内涵、基本特征、时代价值等。

★ 甘祖昌精神

一、甘祖昌精神的形成发展

任何精神形态的出现，都有一定的实践基础和历史条件，它必然扎根于本民族的传统精神与文化，并吸收和借鉴时代精神的精华，在长期的实践过程中孕育形成。[1]甘祖昌精神就是这样生成的，它的形成并不是偶然的，更不是凭空而来的，而是有着深厚的文化渊源、理论基础和实践基础。今天回过头来看，甘祖昌精神是中华民族优秀传统文化同马列主义、毛泽东思想的有机融合，是在特定的历史环境下，通过个体不断的实践活动逐渐凝结而成的。

（一）甘祖昌精神形成的文化渊源

博大精深的中华文化是滋养甘祖昌精神的肥沃土壤，甘祖昌精神是对中华优秀传统文化和民族精神的继承和升华。甘祖昌精神作为文化精神的存在，它的传统基源蕴藏在中华优秀传统文化之中，其形成离不开中华优秀传统文化的滋养。马克思曾经指出："一切已死的先辈们的传统，像梦魇一样纠缠着活人的头脑。"[2]这实际上就是对传统文化影响力和生命力的强调。中国精神的合理思想内核在中华民族延绵几千年的历史和文化之中，成为中华文化发展的一种内在精神因素和集体意识。[3]甘祖昌精神也不例外。

中华民族博大精深的优秀传统文化，孕育了以民族精神和时代精神为主要内容的中国精神。这些文化有"先天下之忧而忧，后天下之乐而

---

[1] 吕延勤、赵金飞：《红船精神》，北京：中共党史出版社2017年版，总序第3页。
[2] 《马克思恩格斯文集》第二卷，北京：人民出版社2009年版，第471页。
[3] 佘双好：《深刻理解中国精神在当代中国的特定内涵》，《思想理论教育》2019年第5期。

乐""精忠报国"的爱国文化,"四海一家""天下一家""四海之内皆兄弟"的团结文化,"和为贵""化干戈为玉帛"的和平文化,"克勤于邦,克俭于家""民生在勤,勤则不匮"的勤劳文化,"不畏强敌""勇者不惧"的勇敢文化,"发愤忘食,乐以忘忧""不知老之将至"的自强文化,等等。正如习近平总书记所指出的,"中华文化源远流长,积淀着中华民族最深层的精神追求,代表着中华民族最独特的精神标识,为中华民族生生不息、发展壮大提供了丰厚滋养"。①"中华文明绵延数千年,有其独特的价值体系。中华优秀传统文化已经成为中华民族的基因,植根在中国人内心,潜移默化影响着中国人的思想方式和行为方式。"②"中国人民在长期奋斗中培育、继承、发展起来的伟大民族精神,为中国发展和人类文明进步提供了强大精神动力。"③

甘祖昌同志生长在中国一个传统的农民家庭,接受了传统的私塾教育,在其成长过程中潜移默化地受到中华优秀传统文化的熏染,这是孕育甘祖昌精神的文化土壤。中华民族优秀传统文化中的诸多优秀养分如精忠报国、自强不息、仁爱孝悌、重德贵义、律己修身、知恩图报等,在甘祖昌同志的身上都得到了不同程度的体现。在甘祖昌同志身上突出地体现着公而忘私的爱国精神、自强不息的奋斗精神、恪尽职守的自律精神,这也成为我们理解甘祖昌精神传统基源的重要坐标。

1. 甘祖昌精神的形成受到爱国主义传统的影响

爱国主义是中华民族精神的核心,是中华民族的精神基因,维系着华夏大地上各个民族的团结统一,激励着一代又一代中华儿女为祖国发展繁荣而不懈奋斗。五千年的中华文明犹如一条波澜壮阔的历史长河,爱国主义就是那一朵朵美丽的浪花。爱国主义精神是中华民族精神的核心,这是

---

① 《习近平谈治国理政》,北京:外文出版社2014年版,第164页。
② 习近平:《青年要自觉践行社会主义核心价值观——在北京大学师生座谈会上的讲话》,《人民日报》2014年5月5日,第2版。
③ 习近平:《在第十三届全国人民代表大会第一次会议上的讲话》,《人民日报》2018年3月21日,第2版。

一种对自己生长的国土和民族饱含的深厚眷恋之情。之所以说爱国主义是民族精神的核心,主要是因为"一方面,爱国主义精神贯穿中华民族形成发展的始终,无论是过去、现在或将来,它都是支撑中华民族兴旺繁荣的强大精神支柱;另一方面,爱国主义精神在民族精神整体中具有统领统摄作用,团结统一、爱好和平、勤劳勇敢、自强不息的精神,服务于爱国兴邦这一主题,爱国主义精神决定和制约着团结统一、爱好和平、勤劳勇敢、自强不息精神的性质及其发展"。①

爱国,是人世间最深层、最持久的情感,是一个人的立德之源、立功之本。爱国主义始终是把中华民族坚强团结在一起的精神力量。今天回过头来看,在中国古代历史上,涌现出许许多多精忠报国的爱国志士和民族英雄,尤其是遇到民族危亡的关键时刻,更是民族英雄层出不穷的时代。2014年10月,习近平总书记在文艺工作座谈会上的讲话中曾指出:范仲淹的"先天下之忧而忧,后天下之乐而乐",陆游的"王师北定中原日,家祭无忘告乃翁""位卑未敢忘忧国""夜阑卧听风吹雨,铁马冰河入梦来",文天祥的"人生自古谁无死,留取丹心照汗青",林则徐的"苟利国家生死以,岂因祸福避趋之",岳飞的《满江红》,方志敏的《可爱的中国》,等等,都以全部热情为祖国放歌抒怀。这就是中华民族"以天下为己任"的爱国主义精神的生动体现。

爱国,不能停留在口号上。甘祖昌同志出生于深陷半殖民地半封建社会泥淖的清朝末年,他的童年是"旧中国农民悲惨生活的写照"②。1911年,辛亥革命推翻了腐朽的清王朝,但中国依然处于半殖民地半封建社会,军阀混战令社会动荡不安、危机日益严重。民族生死存亡之际,在中国共产党领导的农民运动的影响下,甘祖昌同志以公而忘私的高度使命感积极投身到伟大的社会革命中去,为民族独立和国家解放而身经百战,头部三次负重伤,为中华人民共和国的成立做出了应有的贡献。甘祖昌同志时时想

---

① 吴潜涛:《弘扬和践行中国精神》,《北京教育:德育版》2015年第1期。
② 新疆军区编:《一代风范:将军农民甘祖昌》,乌鲁木齐:新疆大学出版社2002年版,第39页。

到国家,处处想到人民,在他的身上无不体现着中华民族"天下兴亡,匹夫有责"的强烈爱国主义精神,他把自己的理想同祖国的前途、把自己的人生同民族的命运紧密联系在一起,扎根人民,奉献国家。

2. 甘祖昌精神的形成受到自强不息奋斗精神的熏染

自强不息的奋斗精神是中华优秀传统文化的优秀基因。自古以来,中华民族就是一个自强不息、艰苦奋斗的伟大民族。自强不息精神具体表现为中华民族所具有的励精图治、顽强拼搏、艰苦奋斗精神。中华儿女的人生成长,中华文明的传承发展,都离不开自强不息奋斗精神的作用。《周易》云:天行健,君子以自强不息。大意是自然万物不停运转,人应效法天地,永远不断地前进。中华儿女不仅自强不息,还奋斗不止。《战国策》云:"行百里者半于九十。"勉励人们做事情必须有顽强的毅力,绝不可半途而废,务必奋斗到底。荀子说:"不积跬步,无以至千里;不积小流,无以成江海。"强调的是要重视量的积累,以达到质的飞跃,这是需要持续努力奋斗才能得到的结果。唐代文学家韩愈说:"孜孜矻矻,死而后已。"反映出每个人要获得成功,必须勤劳努力不断奋斗。李白诗云:"长风破浪会有时,直挂云帆济沧海。"意思是人生之路虽然是"行路难",遍地荆棘,险象环生,但经过努力奋斗,有朝一日终会到达理想的彼岸。类似这样的名言警句还有很多。这也正是一代又一代中华儿女秉承自强不息奋斗精神带有鲜明时代特征的话语表达。

自强不息体现了中华民族、中华文明的基本精神。[①] 在中华文明五千年历史演进中,自强不息发挥了独特而不可替代的作用,并有其独特内涵。孔子"少也贱,多能鄙事",但他学而不厌,诲人不倦,奋斗成长为当时最有学问的人。他办私学培养学生,弟子三千,贤者七十二人。他创建儒学,创立儒家学派,对中华文化的传承和发展产生了深远影响。从这个意义上说,孔子就是自强不息的典范。

---

① 张茂泽:《中华优秀传统文化的奋斗基因》,《北京日报》2018年3月12日,第15版。

近代中国，面临数千年未有之变局，在西方列强欺凌和压迫下，中华民族何去何从？能否走出一条奋发图强、民族复兴的道路？历史的回答是肯定的。近代以来，中国的先进分子更多地偏重于思考国家的富强建设问题，寻求国家迅速摆脱困境的富强之术。洋务运动从求强到求富，戊戌维新变法图强，孙中山先生则明确提出"振兴中华"的口号。"起来，不愿做奴隶的人们！……起来，起来，起来，我们万众一心……前进，前进，前进，进！"《中华人民共和国国歌》歌词，准确反映了近现代中华儿女的共同心声。可以说，一部中国近代史，就是中华民族自强不息的奋斗史。

甘祖昌同志的一生也是奋斗的一生，用"生命不息，奋斗不止"这八个字来形容最恰当不过。年少时期，甘祖昌同志为减轻父母沉重的劳动，成为村子里年纪最小的挑夫。参加革命后，遇到困难时从不退缩、不推卸，以革命任务高于生命的责任感，尽心竭力地完成组织交代的工作。尤其是在延安时期，甘祖昌同志临危受命，白手起家，从无到有建立起了大光纺织厂，为抗战的胜利打下了物质基础，支撑甘祖昌同志战胜困难的力量来源于自强不息的奋斗精神。更令人钦佩的是，甘祖昌同志主动辞去领导职务，回到家乡带领乡亲们为建设社会主义新农村而不懈奋斗，在生命的最后一刻，仍然念念不忘家乡的建设事业。从一定意义上说，甘祖昌同志的一生就是一部可歌可泣的奋斗史。自强不息的奋斗精神一直流淌在甘祖昌的血液中，同时又是一种升华和超越，融汇于甘祖昌精神之中。

3. 甘祖昌精神的形成受到修身正己自律精神的影响

自律，简言之就是自己管束自己的行为。中国传统士大夫讲究"修身、齐家、治国、平天下"，而"自律"则是修身正己的基本行为方式，是为人处世、为官理政的道德观念和自我修养。做到自律首先要懂得慎独，慎独是修身正己很重要的一个方面，也是从政者重要的官德修养，亦是中华民族的传统文化与精神。《大学》曰："所谓诚其意者，毋自欺也。如恶恶臭，如好好色，此之谓自谦，故君子必慎其独也。"大意是不要自己欺骗自己，厌恶也好、喜欢也罢，一切都发自内心，所以，品德高尚的人在其独处时，必须谨慎。宋代吕本中在《官箴》中说："为官之法唯有三事，曰清、曰慎、曰勤。"强调为官者须懂得慎独之道。元初理学家许衡外出，遇到一棵梨树，行人纷纷摘梨子解渴，唯独他不为所动，众人说现在世道这么乱，这是无主之梨，许衡答曰："梨无主，吾心独无主乎？"许衡的慎独精神实在难能可贵，可谓后世典范。其次是自省，也就是自我反省，这是中华传统文化的"内省"方式。曾子说："吾日三省吾身：为人谋而不忠乎？与朋友交而不信乎？传不习乎？"意思是每天都要自我反省所做之事是否妥当，是否符合道德修养。孟子说："行有不得，反求诸己。"意思是说事情没做好，就要自我反省，从自身的角度寻求原因。正如习近平总书记所指出的，"中国传统文化历来把自律看作做人、做事、做官的基础和根本"[①]。

中国共产党自觉继承了自律的精神，一直以来都强调自律的重要性。刘少奇同志在《论共产党员的修养》中将慎独作为党性修养的有效形式，说："即使在他个人独立工作、无人监督、有做各种坏事的可能的时候，他能都'慎独'，不做任何坏事。"甘祖昌同志作为一名老党员，在实践中不断修身正己，其举止言行无不体现出高度自律的道德修养。甘祖昌同志戎马半生，"在行动上，给自己约法三章，衣、食、住、行都要和普通农民一样；不图安逸、讲排场、贪享受；时时、事事、处处严格要求自己，不搞特殊化"[②]。即便是对待自己的亲人也不例外。20世纪50年代初，甘祖昌同志的大儿子到新疆找工作，他没有以权谋私，不给儿子安排舒适的岗位，而是耐心地说服孩子："我们共产党人不搞一人做官、鸡犬升天那一套。新疆是需要人，但需要的是为新疆各族人民服务的人而不是来享受的人。"[③]

[①] 中共中央纪律检查委员会、中共中央文献研究室编：《习近平关于党风廉政建设和反腐败斗争论述摘编》，北京：中央文献出版社2015年版，第145页。
[②] 新疆军区编：《一代风范：将军农民甘祖昌》，乌鲁木齐：新疆大学出版社2002年版，第95页。江西人民出版社：《万里征途不歇脚——记红军老战士、共产党员甘祖昌》，南昌：江西人民出版社1975年版，第260页。
[③] 新疆军区编：《一代风范：将军农民甘祖昌》，乌鲁木齐：新疆大学出版社2002年版，第95页。

最后将儿子送到八一农场干活,生活条件非常艰苦,连床都没有。甘祖昌同志的自律精神可谓修己慎独、表里如一。诚如习近平总书记所言:"一个人能够廉洁自律,最大的诱惑是自己,最难战胜的敌人也是自己。……古人所推崇的修身齐家、治国平天下,修身是第一位的。我们共产党人更应该强化自我修炼、自我约束、自我塑造,在廉洁自律上作出表率。"①

(二) 甘祖昌精神形成的理论基础

"没有革命的理论,就不会有革命的运动"。《共产党宣言》发表173年来,马克思主义在世界上得到广泛传播。在人类思想史上,没有一种思想理论像马克思主义那样对人类产生了如此广泛而深刻的影响。马克思主义为中国革命、建设、改革提供了强大思想武器,使中国这个古老的东方大国创造了人类历史上前所未有的发展奇迹。马克思主义不仅深刻改变了世界,也深刻改变了中国。这是甘祖昌精神生成的理论背景。从理论上来分析,甘祖昌精神的形成始终贯穿着马克思主义立场、观点和方法,是马克思主义理论在精神层面的具体体现。甘祖昌同志曾说:"人到七十不算老,革命斗志不能衰。干革命不能船靠码头车到站,一定要万里征途不歇铁脚板。"②支撑甘祖昌同志万里征途不歇脚的强大思想动力,来源于马克思主义理论;支撑着甘祖昌精神生成的理论基础,也是马克思主义理论。正如甘祖昌同志自己所言,"我是个军人,信奉马列主义、毛泽东思想"。③

1. 从马克思主义经典著作中汲取滋养

19世纪中叶,随着资本主义社会化大生产不断发展,工人阶级作为独立政治力量登上历史舞台。马克思、恩格斯深入考察资本主义经济、政治、

---

① 中共中央纪律检查委员会、中共中央文献研究室编:《习近平关于党风廉政建设和反腐败斗争论述摘编》,北京:中国方正出版社2015年版,第145页。
② 江西人民出版社编:《万里征途不歇脚——记红军老战士、共产党员甘祖昌》,南昌:江西人民出版社1975年版,第22页。
③ 甘仁荣:《父亲甘祖昌》,南昌:江西教育出版社2019年版,第34页。

第二章 甘祖昌精神的提出与诠释演化

社会状况，批判继承德国古典哲学、英国古典政治经济学和法国、英国空想社会主义的合理成分，创立了唯物史观和剩余价值学说，并把社会主义思想置于这两大理论基石之上，从而使社会主义实现了从空想到科学的伟大飞跃。科学社会主义深刻揭示了资本主义产生、发展、灭亡和共产主义取代资本主义的历史必然性，对未来社会主义社会的发展过程、发展方向、一般特征做了科学预测和设想。马克思、恩格斯对未来社会主义社会的设想主要是理论上的，如何付诸实践，是后来人的使命。20世纪初，列宁把马克思主义基本原理同俄国具体实际结合起来，创造性地提出社会主义可能在一国或数国首先取得胜利的理论，领导十月革命取得成功，建立了世界上第一个社会主义国家，使社会主义实现了从理论到实践的伟大飞跃。①

马克思主义深刻揭示了自然界、人类社会、人类思维发展的普遍规律，为人类社会发展进步指明了方向；马克思主义坚持实现人民解放、维护人民利益的立场，以实现人的自由而全面的发展和全人类解放为己任，反映了人类对理想社会的美好憧憬；马克思主义揭示了事物的本质、内在联系及发展规律，是"伟大的认识工具"，是人们观察世界、分析问题的有力思想武器；马克思主义具有鲜明的实践品格，不仅致力于科学"解释世界"，而且致力于积极"改变世界"。在人类思想史上，还没有一种理论像马克思主义那样对人类文明进步产生了如此广泛而巨大的影响。②马克思主义传入中国以来，先进的中国人和一代又一代中国共产党人就矢志于为共产主义而奋斗，这恰如一条红线贯穿整个中国共产党历史，也是中国共产党不断从胜利走向胜利、创造人间奇迹的精神密码。③

在革命年代，中华民族涌现出不计其数可歌可泣的革命英雄，他们通过仔细研读马克思主义理论，服膺马克思主义理论，并在共产主义理想信

---

① 中共中央宣传部：《习近平总书记系列重要讲话精神读本》，北京：学习出版社2016年版，第20—21页。
② 习近平：《在哲学社会科学工作座谈会上的讲话》，北京：人民出版社2016年版，第8—9页。
③ 辛向阳、陶利江：《共产主义理想是实现中华民族伟大复兴的强大精神力量》，《思想理论教育导刊》2016年第4期。

仰的激励下，为实现民族独立和人民解放，为实现共产主义奉献自己的一生。甘祖昌同志正是其中的一分子，他自从投身革命以后，就非常注重研读马克思列宁主义，并将理论内化为思想、转化为行动，积极投身于新民主主义革命与社会主义建设的伟大实践中，矢志于为民族独立、人民解放而奋斗，牢固树立起共产主义的崇高理想。

早在国民大革命时期，甘祖昌同志就加入了家乡的农民协会，初步接触到了马克思主义理论。甘祖昌同志在参加陈竞进创建的党小组时就听其讲授马列主义革命道理。①当时，化名为李伟民特派员的方志敏也曾在莲花县向农民群众演讲，宣传革命思想。方志敏在演讲中用通俗易懂的话语来阐释革命道理，他说："我们穷人真想翻身，就要坚决闹革命，彻底打倒土豪劣绅！用革命的武装去反对反革命的武装，直到取得革命的胜利。"②方志敏还说："共产党的宗旨就是要消灭剥削阶级，改变社会制度，使劳动人民从此过上幸福的生活。"③甘祖昌同志听后深受启发，他明确了革命的目的，对阶级斗争有了进一步的认识。

1928年，组织派甘祖昌同志到井冈山参加干部训练班学习，听说是毛泽东同志亲自讲课，他异常兴奋，顶着寒风，翻越大山，日夜兼程赶到了井冈山。在八角楼，甘祖昌同志第一次见到了毛泽东同志，毛泽东同志说："参加革命了，要不断学习，这一次办干部训练班，就是为了提高干部的马列主义水平的。"④尽管这次训练班因情况有变临时调整，但毛泽东同志朴素的语言、平易近人的作风给甘祖昌同志留下了深刻印象，并使他时刻牢记"要不断学习，提高马列主义水平"的要求，在严峻艰苦的革命战争中依然挤出时间来不断学习，努力提高自身的理论素养。

研读马克思主义经典著作是提高自身理论素养的关键。甘祖昌同志

---

① 甘仁荣：《父亲甘祖昌》，南昌：江西教育出版社2019年版，第4页。
② 刘南方：《将军级农民：甘祖昌传》，北京：解放军文艺出版社2008年版，第10页。
③ 龚全珍：《我和老伴甘祖昌》，南昌：江西教育出版社2014年版，第16页。
④ 龚全珍：《我和老伴甘祖昌》，南昌：江西教育出版社2014年版，第60页。

第二章 甘祖昌精神的提出与诠释演化

回乡务农后,不管工作多忙多累,一直坚持通过阅读原著来掌握"看家本领",致力于将其转化为清醒的理论自觉、坚定的政治信念、科学的思维方法。"为学之道,必本于思。""不深思则不能造于道,不深思而得者,其得易失。"恩格斯曾经说过:"即使只是在一个单独的历史事例上发展唯物主义的观点,也是一项要求多年冷静钻研的科学工作,因为很明显,在这里只说空话是无济于事的,只有靠大量的、批判地审查过的、充分地掌握了的历史资料,才能解决这样的任务。"①因此,对马克思主义的学习和研究,不能采取浅尝辄止、蜻蜓点水的态度。甘祖昌同志坚持把认真研读马克思主义经典著作作为一种习惯,这对甘祖昌精神的形成产生了至关重要的作用。正是在通读了《马克思恩格斯选集》和列宁、斯大林的部分著作的基础上,甘祖昌同志不断提高自身的马克思主义理论素养,提高无产阶级专政下继续革命的觉悟。②现在,甘祖昌同志读过的马克思列宁主义著作、撰写的学习心得体会,在莲花县展览馆陈列室中作为实物展示,"起到很好的宣传效果"③。

崇高的理想信念,是一股无比强大的力量。为帮助集体修水利、购买化肥、添置农业机械、解决社员生活困难,甘祖昌同志慷慨解囊,捐出了工资总数的百分之八十以上。有人对此感到困惑和不解,就来问甘祖昌同志:"你有官不当,有福不享,有钱不花,到底图啥?"甘祖昌同志毫不犹豫地回答说:"我们干革命不是为了跟人升官发财,不是推翻一个剥削阶级再培植一个新的特权阶层。我们干革命是为了消灭私有制,解放全人类,实现共产主义。"④时人高度评价:"将军永远与人民休戚与共,生死相依,

---

① 《马克思恩格斯文集》第二卷,北京:人民出版社2009年版,第598页。
② 江西人民出版社编:《万里征途不歇脚——记红军老战士、共产党员甘祖昌》,南昌:江西人民出版社1975年版,第22页。
③ 林放:《世象杂谈》,上海:上海文化出版社1984年,第28页。
④ 江西人民出版社编:《万里征途不歇脚——记红军老战士、共产党员甘祖昌》,南昌:江西人民出版社1975年版,第18-19页。

永远向往壮丽的共产主义!"①

在革命年代,共产主义理想是取得胜利的指明灯;在和平年代,是社会主义建设取得成功的精神支柱。作为一名共产党员,一名红军战士,甘祖昌同志由始至终都在用行动去努力实现这个远大的理想,毕其一生在践行他的誓言:"革命斗志不能衰,万里征途不歇脚。"

2. 毛泽东思想的浸润

毛泽东思想是在我国新民主主义革命、社会主义革命和社会主义建设的实践过程中,在总结我国革命和建设正反两方面历史经验的基础上,逐步形成和发展起来的。在长期的实践中,党和人民选择了毛泽东同志作为自己的领袖,选择了毛泽东思想作为自己的指导思想。甘祖昌同志自从入党开始,一生追随毛泽东同志,在毛泽东思想指导下投身到党领导的伟大社会革命中去,在党和人民的事业中成就自己的辉煌人生。从这个意义上说,甘祖昌精神的形成离不开毛泽东思想的浸润和指导。

早在20世纪20年代,甘祖昌同志就从正在形成中的毛泽东思想中汲取精神养分,开启了自己独特的人生。据甘祖昌同志回忆,早在1927年见到方志敏同志,听了他的谈话以后,就坚定终生为人民解放而奋斗的信念。在井冈山八角楼上,毛泽东同志对他的一番谈话,照亮了革命前行的路。在新民主主义革命时期,甘祖昌同志发扬一不怕苦二不怕死、为人民服务的精神,兢兢业业做好后勤保障工作,为革命的胜利做出了不可磨灭的贡献。也正是因为甘祖昌同志有着光荣的成绩,党和国家授予他少将的军衔,可谓实至名归。

八角楼的灯光

1928年秋天,甘祖昌当上了土改委员会主任,主持分田分地工作。在

---

① 新疆军区编:《一代风范:将军农民甘祖昌》,乌鲁木齐:新疆大学出版社2002年版,第6页。

第二章
甘祖昌精神的提出与诠释演化

开展这项工作过程中,经过查田、查阶级的实际斗争,阶级觉悟也大大提高,阶级立场更加坚定。运动搞得热火朝天,贫苦的农民分到了土地,干劲十足,年轻小伙子们纷纷参加红军。1928年冬,县委派甘祖昌到井冈山参加干部训练班学习,听说是毛委员亲自为他们讲课,他立即收拾行囊奔向井冈山。那时已是下午,同志们都劝他第二天再动身,夜晚一个人走路很不安全。甘祖昌只想越早到越好,巴不得马上见到毛委员。

甘祖昌一路疾走,不觉到了永新,天已经黑了。甘祖昌找了一家小店,买了两碗米饭,吃了就走。店主说:"天色已晚,不如歇一夜再走。""我有急事,不能歇,要马上走。"店主说:"你这老表不听劝,天这么冷,风这么大,搞不好有雨雪,这一路又不好走,碰见坏人你一个人可咋办?"甘祖昌笑笑说:"老板,我不怕。"说完,就又上路了。

半夜过后真是下起雨来,甘祖昌只穿了单衣,冷风刺骨,禁不住发抖。但是漆黑一片,什么也看不见,只好摸着往前走。又走了一个多时辰,总算找到一间小矮房门前,鼓起勇气敲敲门:"老表,请开开门,我暖暖身子,歇歇脚就走。"

"天还没光,就叫门,你是干什么的?"屋里的老人问道。

"我是过路的,实在对不住,让我歇歇脚就走。"

听了这话,老人点上油灯披上衣服开了门,一看甘祖昌,全身湿透,吓得倒退了一步说:"啊?你走了一夜?"

甘祖昌笑了笑,进了门,问离井冈山还有多远?老人说:"我们这里是茶陵管,离井冈山少说也有六七十里地。"甘祖昌心里暗叫苦。

老人又问:"小老表你到井冈山干什么哟?"

甘祖昌不知老人底细,就说:"我是帮工,老板叫我到井冈山找个人,想买点药材。"

老人说:"你不是去干革命吗?听说那里有个朱总司令,还有个毛委员,都是穷人的救星,我老了,想当红军,人家也不收,只盼着他们早些来帮我们穷人翻身。"

甘祖昌听了这几句话,知道自己碰到了好人,就说:"老公公,我就是去找毛委员的,您能给我指条近路吗?"

老人笑了说:"我一看到你,就知道你不是坏人,是红军。近路有,我给你搞点红薯吃,天亮了我给你带路。30多里,翻过两座山就到,我儿子就在井冈山。"

老人煮熟红薯,天就亮了。吃了几块薯,两个人就上路了。爬过一座山,老人又指点了前面的山路说:"翻过那座山就到井冈山下了。我的儿子叫陈毛崽,你要是看到他,就告诉他家里都好!"甘祖昌谢过了老公公,沿着他指的路大步前进。

临近中午,甘祖昌到了井冈山,找到了办事处,交了介绍信就住下了。下午办事员告诉甘祖昌,毛委员在八角楼接待他,两点钟去。听了这个喜讯,甘祖昌又高兴又紧张,想着毛委员要问些什么问题,该怎样回答?好不容易盼到了两点钟,火速往八角楼走去。八角楼并不十分雄伟宏大,一栋平常的两层房。上了窄窄的木板楼梯,就可以看到一间小房间。顶上有八角形板顶,甘祖昌看到一位首长,坐在那里写字,听到有人来了,他抬头微笑,点点头说:"来了,很好,你叫什么?"甘祖昌站得笔直,恭恭敬敬地回答:"甘祖昌,红军战士甘祖昌!"毛委员大声笑起来了,说:"你是江西老表,是莲花人对吗?快坐下来说。坐下来说。"

甘祖昌坐在毛委员的身旁,仔细打量他,头戴灰色八角帽,一双智慧的大眼睛,宽宽的额头,高鼻梁,一点首长的架子也没有,见到他,就像见到一位老大哥。他接着问家里都有什么人,生活过得怎么样。甘祖昌如实地汇报了。毛委员说:"我们去年9月24日到了你们莲花,听说了你们是一支枪闹革命起家的,现在怎么样了?"

甘祖昌认真地说:"我们的赤色队已改编成莲花红色独立团了。"

"噢!由一支枪发展到一个团了?好!以后还能发展成一个师、一个军,革命不断发展,人民武装自然也要越来越发展。"

毛委员又问:"你认字吗?"

甘祖昌说:"只读了一年半私塾,认得些字。"

毛委员说:"不错,参加革命了,要不断学习,这一次办干部训练班,就是为了提高干部的马列主义水平的。可是敌人不让我们学,又要来捣乱了。他们发动了十万人来围剿我们,我们训练班只好改期了。你回去后对县委说,要组织好红色独立团,赤卫队,先锋队,准备狠狠打击来犯的敌人,你们在下面抓住了敌人的手脚,就是为红色根据地立了大功,出了大力!"一席话说得甘祖昌心明眼亮。

甘祖昌回到县独立团向团领导汇报了在宁冈八角楼见到毛主席的情境,仍然激动不已。针对国民党反动派多次向井冈山革命根据地发起"进剿""会剿"的状况,毛主席提出大力经营永新的思路,使永新成为根据地战胜敌人再次来犯的坚强堡垒。为此前委决定把根据地从宁冈、井冈山扩大出来,向永新周围的莲花、安福、吉安等县拓展。红29团奉命进军莲花,6月28日攻下莲花县城,接着兵分四路,迅速占领了全县。6月30日,莲花县工农兵政府成立,共产党员刘仁堪被选为主席。中共莲花县特支委改为县委,朱亦岳任书记,原副书记陈竞进担任已在4月由赤色队改编为红色独立团的团长,甘祖昌任军需处处长。那时井冈山革命根据地拥有宁冈、永新、莲花全县,吉安和安福一小部分,遂川北乡,鄂县东南乡一部分,横直数百里,面积达7200多平方公里,人口50余万。

——摘编自甘仁荣:《父亲甘祖昌》,江西教育出版社2019年版,第134-137页。

在长期的革命斗争中,甘祖昌同志的头部先后三次受到重创,严重的脑震荡后遗症使他难以坚持繁重的领导工作,上级领导建议他到条件比较好的地方去休养。然而,甘祖昌同志遵照毛泽东同志关于"夺取全国胜利,这只是万里长征走完了第一步"的教导,认为共产党员绝不能享清福,而是要发扬革命精神,三次向组织请求辞去领导职务,回家乡搞建设。①甘祖昌同志坚定地说:"只要我的心脏还能跳动,我有一分热,发一分光,一定为建设一个幸福的新农村贡献自己的力量。"②

甘祖昌同志坚持从毛泽东思想中汲取丰厚滋养,克服本领恐慌,并且做到活学活用。在家乡务农期间,甘祖昌同志坚持利用零散时间不断学习,"两次通读了《毛泽东选集》一至四卷","他学以致用,努力改造世界观"。与此同时,甘祖昌同志结合回顾自己的战斗历程,又向自己提出了一个新课题:要把革命工作做到底,要艰苦奋斗,为建设社会主义大厦添砖加瓦。③他除了生病、外出开会以外,几乎每天都和乡亲们一起参加集体劳动。"为了改变家乡落后的面貌,甘祖昌像当年打仗一样地豁出命来干。"④甘祖昌同志带领全家人花了几年时间把光头山变成花果山,硕果丰收后又无偿交给集体。为了改造冬水田,"甘祖昌冒着严寒赤脚下田挖沟,硬是把全队600多亩冬水田都改好了,整个工程不但未得一分钱报酬,还自己出钱买化肥给社员发奖金"⑤。

甘祖昌同志正是从毛泽东思想中汲取精神养料,进而把这种精神养料转化为行动,才铸就了具有蓬勃生命力的甘祖昌精神。从这个意义上说,甘祖昌同志的一生,就是全心全意为人民服务的一生。在革命年代,他为穷人翻身得解放,历经战火洗礼;在和平年代,他以"把自己的一切献给社会主义新农村"⑥作为人生价值追求。甘祖昌同志回乡务农时,面对别人

---

① 江西人民出版社编:《万里征途不歇脚——记红军老战士、共产党员甘祖昌》,南昌:江西人民出版社1975年版,第12页。
② 林放:《世象杂谈》,上海:上海文化出版社1984年,第66页。
③ 江西人民出版社编:《万里征途不歇脚——记红军老战士、共产党员甘祖昌》,南昌:江西人民出版社1975年版,第22页。
④ 江西人民出版社编:《万里征途不歇脚——记红军老战士、共产党员甘祖昌》,南昌:江西人民出版社1975年版,第12-13页。
⑤ 新疆军区编:《一代风范:将军农民甘祖昌》,乌鲁木齐:新疆大学出版社2002年版,第27页。
⑥ 江西人民出版社编:《万里征途不歇脚——记红军老战士、共产党员甘祖昌》,南昌:江西人民出版社1975年版,第12页。

"回农村大概是养病"[①]的质疑,他选择"用我的实际行动来说明一切"[②],热情洋溢地帮助人民解决现实问题,切切实实为人民谋利益,身体力行"全心全意为人民服务"的宗旨,展示出一名共产党人的崇高境界和品格魅力。

(三)甘祖昌精神形成的主体条件

甘祖昌同志的革命实践是甘祖昌精神形成的基石,也是甘祖昌精神得以形成的主体条件。马克思主义认为,主体对客体世界的对象性的实践活动,是人类意识产生和发展的基础。从这个意义上来说,一种精神的产生离不开实践。任何一种精神文化,都与那个时代的历史环境有着密切关系,都是历史的产物。中国优秀传统文化的孕育,马克思列宁主义、毛泽东思想的滋养,在甘祖昌精神的形成中发挥着重要作用,但思想文化必须通过个人的实践,最终才能形成一种精神。这就是说,甘祖昌精神的形成离不开历练甘祖昌同志的历史大环境和伟大社会革命实践。这个历史大环境,一是革命战火的洗礼,二是建设实践的磨炼。

1. 革命战火对甘祖昌同志的洗礼

甘祖昌同志早年是在民族危亡的半殖民地半封建社会的时代背景下成长起来的,极度贫困的家庭条件迫使他早早辍学,为家庭生计而四处奔波。他深受地主阶级的压迫,希望改变贫困,但缺乏革命理论的指引。直到大革命的浪潮席卷江西,"打倒军阀除列强""打倒土豪劣绅"口号成为时代的最强音,甘祖昌同志在潜移默化中受到了大革命的影响。共产党人谢远鹏和苏国珍是甘祖昌同志革命理论的启蒙老师,他赞同打倒土豪劣绅,于是先加入了农民协会,投身轰轰烈烈的农民运动之中。随后,在方志敏同志的影响下,甘祖昌同志进一步提高了革命的思想觉悟,不久以后,他加入了中国共产党,成为革命队伍的一分子,投身到伟大的革命斗争中。这

---

① 新疆军区编:《一代风范:将军农民甘祖昌》,乌鲁木齐:新疆大学出版社2002年版,第25页。
② 龚全珍:《我和老伴甘祖昌》,南昌:江西教育出版社2014年版,第84页。

是甘祖昌精神形成中带有基础性意义的开端。

第一道"光荣疤"

1927年9月,刚刚入党的甘祖昌奉命深入九都南陂等地发动群众,准备攻打莲花县城。因寡不敌众而失败,甘祖昌同志为躲避追捕而跑到湖南攸县,回来后在陈竞进的影响下加入莲花赤色队。然而,新组建的赤色队当务之急是要搞到枪。甘祖昌在攸县时听说可以买到枪,就建议"把赤色队拉到那里去打他几个土豪,搞到一批银圆去买枪"。于是,他就带着赤色队到七里狼山打土豪。在土豪家中,甘祖昌被藏在门后的一个人用斧头劈到了头。打土豪的任务完成了,回来后却发现脑门骨都被劈碎了一块。请来的草药郎中说,要使再往里劈深一点,脑浆就会流出来,人就没命了。正是在这种情况下,甘祖昌同志说:"没关系,这点伤算得了什么?我不能为了活命丢了革命。"后来,痊愈后脑门上就留下了一道疤痕,这成为甘祖昌同志从事革命斗争留下的第一道"光荣疤"。

——摘编自甘仁荣:《父亲甘祖昌》,江西教育出版社2019年版,第130—132页

投身革命斗争以后,甘祖昌同志长期负责部队的后勤保障工作,历练了矢志不渝的坚定信念。民主革命时期,甘祖昌同志可谓身经百战,出生入死。从井冈山革命根据地的斗争开始,历经五次反"围剿"、英勇悲壮的两万五千里长征、南泥湾大生产运动、艰苦卓绝的抗日战争、转战湘粤"二次长征"等,贯穿其中的是甘祖昌同志"革命理想高于天"的坚定信念。他坚信中国革命必定胜利,一如既往地以高度的热忱投入革命中,在重大考验中彰显担当,出色的后勤保障工作为战争的胜利做出了应有的贡献。抗日战争胜利后,他又转战大西北,挺进新疆,参加了大小战斗数十次。甘祖昌同志的妻子龚全珍曾饱含深情地回忆说:"从北上抗日到南下北

返的几年中，经历了对日寇、国民党反动派的浴血战斗，经历了轰轰烈烈的南泥湾大生产运动。在这些实践中，反复得到了锻炼，战胜困难，不断前进。"①难能可贵的是，新中国成立后，在初次评定级衔时，甘祖昌同志主动给中央写信，要求降低自己的级别和军衔。这种淡泊名利的优秀品质值得我们学习。

甘祖昌同志正是经历了革命战火的千锤百炼，成为一名对自己事业前途充满信心、坚定信仰共产主义、自觉担当民族复兴的历史使命的革命战士，从而锻造出像金子一样熠熠生辉的"甘祖昌精神"。

2. 建设实践对甘祖昌同志的磨炼

甘祖昌精神的形成，更离不开社会主义革命和建设时期甘祖昌同志的成长。在甘祖昌精神形成中影响深远的事情就是已被授予少将军衔的甘祖昌同志，因头部受伤在新疆军区疗养院养病，可他并不愿意这样安逸舒适地度过余生，三次请求组织批准他回乡当农民，彰显出一名共产党人的初心和使命。回到家乡后，甘祖昌同志牢记党的宗旨，和群众同甘共苦，他常说："要挑老红军的担子，不摆老干部的架子。"②他始终保持着红军艰苦奋斗的光荣传统，勤俭节约，穿着非常朴素，常年"穿一件粗布对襟上衣，脖上搭条白罗布手巾，一双赤脚，地地道道的莲花农民打扮"③。一个战争年代发的挎包，补了六个补丁，背带断了，还舍不得丢掉，打个疙瘩接起来再用。"一条裤子穿了十几年，烂得无法再用毛线补织，他就用布块缝上去，继续穿。"④

甘祖昌同志心里时刻牢记"全心全意为人民服务"的宗旨，始终坚持吃苦在前、享受在后。他带领家人和乡亲们艰苦创业，做了不计其数的好事：改造红土壤变成花果山，改造冬水田成为肥沃地，改造旧蓄水陂为灌

---

① 龚全珍：《我和老伴甘祖昌》，南昌：江西教育出版社2014年版，第39页。
② 蒋秋生：《巷潮求索录》，南昌：江西人民出版社2008年版，第213页。
③ 新疆军区编：《一代风范：将军农民甘祖昌》，乌鲁木齐：新疆大学出版社2002年版，第26页。
④ 江西人民出版社编：《万里征途不歇脚——记红军老战士、共产党员甘祖昌》，南昌：江西人民出版社1975年版，第23页。

溉兼发电的"快省陂",修桥修路修水渠,建水库建电站……甘祖昌同志从来不居功自傲,修好水电站村里通电了,队里干部说:"建电站你出了大力,先给你家安上电灯吧!"甘祖昌同志果断拒绝了,回答说:"世世代代的穷山沟里有了电,这是毛主席给我们带来了光明,电站是大家搞的,电灯应该先给贫下中农安上。"[①]

甘祖昌同志舍弃"小我",选择"大我",放弃的是个人的安逸,选择的是人民与国家的利益,一生都在无私奉献,毕生报效祖国、服务人民。正是这样的选择,使甘祖昌同志保持着亲民爱民为民的情怀,实现了"无我"。国家给他发的工资,他从来没有当作个人私有财产,始终坚持勤俭节约,却为家乡奉献了29年,拿出了年薪总额的70%支援家乡建设。为了穷人翻身解放,他从农村走出来,革命胜利后,为了农村的建设与发展,又毅然返回农村。甘祖昌同志曾深情而坚定地说:"只要我的心脏还能跳动,我有一分热,就发一分光,就一定为建设一个幸福的农村贡献自己的力量。"[②]

革命的旧伤和繁重的工作,使甘祖昌同志患上了好几种病,党组织和群众一再劝他好好养病,而他总是乐呵呵地说:"没关系,这点病算得了什么?我们不能为了活命丢了革命!"[③]只要能起床,甘祖昌同志每天都参加劳动,有时工作忙到忘记了吃药,常常达到"忘我"的状态。马克思曾说:"如果我们选择了最能为人类而工作的职业,那么,重担就不能把我们压倒,因为这是为大家做出的牺牲。"[④]甘祖昌同志就是这样选择"为人类幸福而劳动的职业",在家乡的29年时间里,呕心沥血、艰苦创业,脚踏实地、满腔热情地带领家乡人民改变贫困落后的面貌,过上好日子,充分展现了共产党人大公无私的崇高品格,在全国树起了一面全心全意为人民服务的光辉旗帜。

---

① 蒋秋生:《卷潮求索录》,南昌:江西人民出版社2008年版,第213页。
② 林放:《世象杂谈》,上海:上海文化出版社1984年,第66页。
③ 江西人民出版社编:《万里征途不歇脚——记红军老战士、共产党员甘祖昌》,南昌:江西人民出版社1975年版,第14页。
④《马克思恩格斯全集》第一卷,北京:人民出版社1995年版,第459页。

二、甘祖昌精神的历史演化

甘祖昌精神的提出和内涵经过了一个随着时代进步而丰富发展的过程。甘祖昌同志的一生,既是农民,又是将军,经历了"农民—将军—农民"的传奇式轮回,留下了一个足为后辈敬仰的优秀共产党员的光辉形象。在甘祖昌同志的身上蕴含着一笔不可多得的精神财富,通过对其人生经历中的精神元素进行凝练概括,就成为既依托于甘祖昌自身又超越于他自身的精神形态——甘祖昌精神。甘祖昌精神,就是以甘祖昌的名字命名,在实践中不断丰富和发展的革命精神,它是中国精神在特定时空中的具体体现。因此,认识和把握甘祖昌精神,必须有历史性话语与世界性视野,深切感悟其深厚的文化传统、坚定的理想信仰、理想的未来期许。

(一) 甘祖昌形象的树立

榜样是时代的最美使者,是社会的精神坐标。甘祖昌精神就是在时代的需要发展中成长起来的,甘祖昌形象的树立同甘祖昌精神的形成密不可分。1957年,作为开国将军的甘祖昌同志主动辞去领导职务,请求回乡务农。不当将军当农民,这个消息很快不胫而走,成为传遍全国的一段佳话,也引发国际社会的关注。今天回过头来看,甘祖昌同志就是那个时代的楷模,反映着那个时代的价值取向。作为时代楷模,他身上的先进事迹和精神品质,能够传播正能量,弘扬真善美,激励社会公众见贤思齐、崇德向善,形成明德惟馨、昂扬向上的时代精神风貌。因此,宣传甘祖昌同志的先进事迹就成为一项很有意义的工作。

为了深入、广泛地宣传甘祖昌同志的先进事迹,江西日报做了大量卓有成效的工作。20世纪50年代末、60年代初,中共江西省委指示省委机关报《江西日报》发表过长篇通讯,宣传报道甘祖昌同志的先进事迹。

1960年10月18日,《江西日报》第三版以一个整版篇幅刊发了该报记者吴家鸿撰写的长篇通讯《老红军的本色——记甘祖昌少将回乡参加农业生产三年》,同时配发图片和短评,文章见报后在社会上引起极大反响。

同年12月3日,《江西日报》又在头版刊发了甘祖昌同志撰写的《和青年人谈农村的远大前途》的文章。在第三版发表了《中共莲花县委号召全县农村工作干部学习甘祖昌同志献身农村建设》的通知,刊登了龚全珍同志介绍甘祖昌同志生活作风的文章《甘祖昌同志生活二三事》。同时还用连环画的形式连续报道了甘祖昌同志的感人事迹,增强了感染力和影响力。

现代报人林放,也曾于1960年写过一篇热情洋溢的文章——《三赞甘祖昌》。三赞的内容主要有:一是赞甘祖昌同志当农民,是劳动人民的儿子,永远不忘劳动人民的本色;二是赞甘祖昌同志吃苦在前,享受在后,为人民立过功劳,完全不以功臣自居;三是赞甘祖昌同志的老红军本色,把老红军的艰苦奋斗传统播种在农村。①

上述文章具有很强的故事性,对甘祖昌形象的初步塑造起到了十分重要的作用,也是当时的人们对甘祖昌精神做出的初步概括。这些文章所产生的影响也是广泛而深远的,甘祖昌同志的先进事迹传遍了大江南北,甘祖昌同志成为家喻户晓的"名人",这对甘祖昌精神的宣传普及发挥了重要作用。当然,此时的甘祖昌同志才刚刚回到莲花县进行农业生产不久,其先进事迹仍然在历史性展开中,必然意味着其所蕴含的精神文化也要随着历史性展开而进一步丰富和发展。

随着社会主义建设的深入推进,不断增强精神支撑就摆在了重要位置。做一件事不难,积年累月地做一件事,就彰显出其与众不同。1975年,甘祖昌同志已经回乡劳动18年的时间,他的事迹也更加突出、更加鲜明。在这18年的时间里,甘祖昌同志用令人震撼的平凡不断诠释着一种精神,这种精神也使甘祖昌同志的形象更加高大。今天回过头来看,这种精神就

---

① 林放:《世象杂谈》,上海:上海文化出版社1984年,第66—67页。

第二章 甘祖昌精神的提出与诠释演化

是甘祖昌精神。

为了进一步弘扬甘祖昌同志身上蕴含的这种精神。1975年4月17日,《江西日报》刊登了一篇题为《万里征途不歇脚——记红军老战士、共产党员甘祖昌》的长篇通讯,讲述了甘祖昌同志回乡18年,"以一个普通劳动者的身份,朝气蓬勃地战斗在农业生产第一线,为建设社会主义新农村积极贡献力量"的动人故事。① 这个时期的宣传为甘祖昌同志树立起一个艰苦奋斗、为人民服务的光辉形象,也逐渐展示出一块崭新的精神高地,在甘祖昌精神的凝练概括进程中具有重要地位。

(二)甘祖昌精神的提出与演化

认识总是随着实践发展而逐步深化的,这就决定了甘祖昌精神形态内涵的概括有一个逐渐深化的过程。今天回过头来看,甘祖昌同志犹如一座精神的丰碑,矗立在中国精神的图谱之中,在建设和改革实践中不断升华而成为具有相对独立性的精神形态。"每种变化都是量到质的转化,是物体所固有的或所承受的某种形式的运动的量发生量变的结果。"② 甘祖昌精神的凝练和总结同样必须经历这样一个由量变到质变的过程。历史地看,随着甘祖昌同志光辉形象的树立,有必要对其蕴含的革命精神进行深入挖掘,使其具有超越意义,为实现中华民族伟大复兴的中国梦的精神支撑提供助益。

回过头来看,甘祖昌精神的提出与演化与甘祖昌形象的树立及其事迹的传播是密不可分的。前文已经论及,甘祖昌同志解甲归田的时候,他的事迹就受到了毛泽东同志、周恩来同志等党和国家领导人的大力赞扬,人民日报、解放军报等新闻媒体也纷纷宣传报道。1960年10月18日,《江西日报》三版以整版篇幅刊发了长篇通讯《老红军的本色——记甘祖昌少

---

① 江西人民出版社编:《万里征途不歇脚——记红军老战士、共产党员甘祖昌》,南昌:江西人民出版社1975年版,第11页。
② 《马克思恩格斯文集》第九卷,北京:人民出版社2009年版,第66页。

将回乡参加农业生产三年》，在社会上引起极大反响。12月3日，《江西日报》又在头版刊发了甘祖昌同志撰写的《和青年人谈农村的远大前途》的文章，在三版发表了《中共莲花县委号召全县农村工作干部学习甘祖昌同志献身农村建设》的通知，刊登了甘祖昌妻子龚全珍同志介绍甘祖昌同志生活作风的文章《甘祖昌同志生活二三事》。可以说，这一时期，甘祖昌精神更多的是以生动的形象、感人的事迹表现出来，并在这个过程中得到弘扬的。在当时，甘祖昌同志的事迹被编入了小学、初中课本，教育了整整一代人。[1]然而，甘祖昌精神并没有作为相对独立的精神形态而被宣传、研究和阐释。

革命实践孕育革命精神。中国共产党革命精神属于认识范畴，属于人们对客观事物规律的认识，其最根本、最原始的来源，只能是革命实践。革命实践是革命精神发展的动力。随着甘祖昌同志投身伟大社会革命的事迹更加典型，其精神性特征越来凸显。[2]为了使甘祖昌同志身上所体现出来的精神风貌和精神状态得到发扬光大，有必要对甘祖昌精神的科学内涵进行提炼和阐释。1975年4月29日，中共江西省委印发《关于在全省开展学习甘祖昌同志革命精神的决定》，号召全省广大党员、干部和人民群众，积极开展学习甘祖昌同志先进事迹的活动，提出要像他那样忠于党的事业，发扬一不怕苦、二不怕死的革命精神，全心全意地为人民服务，为实现共产主义而努力奋斗。江西省委还提出向甘祖昌同志学习四方面的内容：一是学习甘祖昌同志刻苦攻读马列著作和毛主席著作的精神；二是学习甘祖昌同志坚定执行毛主席革命路线的高度自觉性；三是学习甘祖昌同志自觉地向资产阶级法权观念做斗争，继续保持艰苦奋斗的革命传统和优良作风；四是学习甘祖昌同志忠诚于党的事业的精神。[3]这就意味着，甘祖

---

[1] 范红娟：《时代话语变迁与老典型的三度建构——以焦裕禄、甘祖昌、谷文昌宣传报道为例》，《新闻战线》2018年第23期。
[2] 吴宏亮：《焦裕禄精神》，北京：中共党史出版社2018年版，总序第4页。
[3] 江西人民出版社编：《万里征途不歇脚——记红军老战士、共产党员甘祖昌》，南昌：江西人民出版社1975年版，第2-3页。

第二章 甘祖昌精神的提出与诠释演化

昌精神作为独立的范畴已经初步提出来了，其内涵从忠诚、革命、为民、信仰等维度有了初步的阐释，突出的是甘祖昌精神中的革命本色，也体现了特定时代的话语体系。

一代人有一代人的使命。甘祖昌精神之所以具有跨越时空的价值，就在于它具有根据时代主题和脉搏而不断被赋予崭新的时代内涵的特质。改革开放以来，甘祖昌精神的内涵表达在原来的基础上有了新的发展，内涵更加凝练、精准，也更具有时代特色和超越价值。改革开放以来的不同时期，江西省委都对甘祖昌精神的内涵做出了阐释，不断赋予其新的时代内涵，使之永葆生机活力，成为改革开放新时期江西乃至全国党员干部学习的重要精神形态，也同其他精神形态一道为坚持和发展中国特色社会主义提供了必要的精神支撑。今天，作为中国共产党革命精神的重要内容，甘祖昌精神越来越显示出其具有的精神力量。中国特色社会主义进入新时代，推进伟大梦想、伟大斗争、伟大事业、伟大工程，必须大力弘扬中国共产党革命精神。在这一背景下，甘祖昌精神得到了再诠释、再创新、再发展。

新时代弘扬甘祖昌精神离不开习近平总书记对中国精神的强调和阐释。2013年9月26日下午3时，北京京西宾馆会议楼前厅，习近平总书记在会见第四届全国道德模范及提名奖获得者时饱含深情地说："我刚才看到这位老前辈，她就是我们的老将军甘祖昌的夫人龚全珍，她今年90多岁了，我看到她以后心里一阵阵的感动。"接着，习近平总书记对在场的300多位与会者介绍："甘祖昌是我们共和国的开国将军，江西籍的老红军。新中国成立后，他当了将军，但是他坚持回家当农民。我当小学生时就有这篇课文，内容就是将军当农民，我们深受影响。至今半个世纪过去，看到龚老现在仍然弘扬着这种精神，今天看到她又当选全国道德模范，出席我们今天的会议，我感到很欣慰。"接着，习近平总书记强调指出："我们要弘扬这种艰苦奋斗精神，不仅我们这代人要传承，我们的下一代也要弘扬，要一代一代传承下去。"在这里，习近平总书记使用的"这种精神""这种艰苦奋斗的精神"等范畴，就是对甘祖昌精神及其内涵的阐释。这实际上提出了新时代弘扬、传承甘祖昌精神这一时代课题，甘祖昌精神再一次引起社会各界的关注。

新时代甘祖昌精神的主要阐释者是江西省委。党的十八大以来，江西省委把构筑中国精神摆在重要位置。作为甘祖昌精神的重要形成地，江西省委高度重视甘祖昌精神的弘扬，不断根据变化了的时代特征进行再阐释。2013年4月1日，时任江西省委书记强卫冒着蒙蒙细雨驱车近80公里来到莲花县，专程看望甘祖昌将军的夫人龚全珍老人，他深情地说：甘老出生入死、浴血奋战，为新中国成立做出了突出贡献；新中国成立后，他又放弃城市优越生活，回到家乡、回到农村，带领乡亲们发展生产、脱贫致富，体现了心系群众、革命到底的崇高境界。"甘祖昌将军的事迹和精神深深地感染和教育了我们，我们要把甘祖昌将军的革命精神发扬光大，弘扬老一辈的优良传统与作风，进一步密切联系群众，艰苦奋斗、无私奉献，把江西的各项工作做得更好。"①在这里，强卫同志在"革命精神"的基础上，强调"联系群众""艰苦奋斗""无私奉献"，为甘祖昌精神赋予了新的内涵。

新时代传承甘祖昌精神，必须不断赋予其鲜明的时代特色。2016年9月12日，时任江西省委书记的鹿心社同志在看望慰问甘祖昌同志的夫人龚全珍时强调："'淡泊名利、艰苦奋斗，一生为党、一心为民'的甘祖昌精神应该成为每名党员的座右铭，我们都来弘扬甘祖昌精神，学习龚全珍优秀品质，践行这四句话，就没有做不好的事。"②这就对甘祖昌精神的内涵做了进一步的概括和阐释，明确为"淡泊名利、艰苦奋斗，一生为党、一心为民"。2018年6月10日至11日，江西省委书记、

---

① 刘勇：《"把甘祖昌将军的革命精神发扬光大"——强卫走访看望甘祖昌夫人龚全珍》，《江西日报》2013年4月2日，第A01版。
② 刘勇：《"我们都来弘扬甘祖昌精神，就没有做不好的事"——鹿心社瞻仰甘祖昌旧居并看望龚全珍》，《江西日报》2016年9月13日，第A01版。

第二章 甘祖昌精神的提出与诠释演化

时任省长刘奇同志深入萍乡市莲花县、安源区调研。莲花县坊楼镇沿背村是甘祖昌将军的故里。来到沿背村,刘奇同志参观了甘祖昌干部学院,考察了红色文化阵地的建设情况。"向甘将军学习。""你们不要向我学习。你们要好好学习为人民服务"。……在小礼堂,刘奇同志观看了反映甘祖昌将军感人事迹的采茶剧《并蒂莲花》。他要求充分发挥红色文化优势,加强红色文化阵地建设,传承弘扬甘祖昌将军严于律己、艰苦奋斗、一心为民、永葆本色的优良作风和宝贵精神,努力在新时代展现新气象新作为。①这就赋予甘祖昌精神新的时代内涵,即严于律己、艰苦奋斗、一心为民、永葆本色。2020年3月18日,刘奇同志又一次来到龚全珍同志的家里。他在甘祖昌同志遗像前凝神注目,表达深深的敬意。他说:"越是经历急难险重的斗争,越是敬佩革命先烈先辈坚定信念、舍生忘死、敢于斗争的革命精神、革命斗志,越是崇敬革命先烈先辈,越是坚定我们不忘初心、牢记使命,传承红色基因的自觉性、坚定性。"这意味着甘祖昌精神的功能和价值得到进一步延展,被赋予其初心和使命的内涵意蕴。

这里,需要指出的是,今天我们在凝练概括和阐释甘祖昌精神时,要将其同甘祖昌同志的夫人龚全珍同志以及他们的子女在践行甘祖昌精神中生成的新的精神元素结合起来。作为一位平凡而又传奇的世纪老人,从青年时期参加革命、加入共产党、赴新疆工作,再到回乡任教、扶贫助学,龚全珍同志倾尽一生,恪守"为人民服务"的宗旨,默默为党和祖国的事业奉献了一辈子,她的人生故事是一个跨越近百年的时代缩影。可以说,龚全珍同志既是甘祖昌精神生成与发展过程中的重要见证者和直接参与者,也是甘祖昌精神的积极践行者和宣传者。龚全珍同志曾说:"我们那代人很看重精神生活,重视精神财富。"甘仁荣女士曾写道:"虽然母亲与父亲平时语言不多,各自忙自己的事情,但他们心灵相通,行动默契,有太

---

① 刘奇:《大力弘扬革命传统传承红色基因 持续深化作风建设造福老区人民》,《江西日报》2018年6月12日,第1版。

多的相同之处",理想信念高度一致,人生观念高度一致,生活方式高度一致,奉献之心高度一致。① 一定意义上说,甘祖昌精神内在地包含着龚全珍同志传奇人生的精神元素。

---

① 甘仁荣:《父亲甘祖昌》,南昌:江西教育出版社2019年版,第167-168页。

第三章
甘祖昌精神的科学内涵

　　甘祖昌精神的内涵阐释是认识和把握甘祖昌精神、大力弘扬甘祖昌精神的关键所在。通常来说，了解某一事物的重要步骤，就是揭示和把握这一事物的基本内涵。甘祖昌精神在形成与发展进程中有过多次概括和凝练，实现了自身内涵的与时俱进、作用的持续发挥。中国特色社会主义进入新时代，认识和把握甘祖昌精神的科学内涵，对新时代传承好、弘扬好甘祖昌精神具有特殊重要的意义，对新时代传承红色基因、担当党的历史使命也具有积极意义。今天，认真梳理不同历史时期人们对甘祖昌精神科学内涵的认识，紧密结合甘祖昌精神形成过程中的生动实践，并结合新的时代条件和实际需要做出学理性阐释，是哲学社会科学工作者不可回避的一项重要任务。

一、淡泊名利

"非淡泊无以明志,非宁静无以致远。"如何对待名利,反映着一个人的价值取向和精神境界,是判定一个人境界高下的重要标准。甘祖昌同志的一生,为的就是民族解放、人民幸福,他看淡了生死、淡泊了名利。个人名利淡如水,党的事业重如山。可以说,淡泊名利是甘祖昌同志身上最鲜明、最优秀的品质,也成为甘祖昌精神的首要特征和重要内涵。

"名利"自古以来就是人们争论不休的话题。中华民族历来有着"名节重于泰山,利欲轻于鸿毛"的浓厚文化传统。《老子》云:"恬淡为上,胜而不美。""天下熙熙,皆为利来;天下攘攘,皆为利往。"尽管"利"是社会发展最有效的润滑剂,但是,人们不应该过分看重名利,过于为名利奔波不休,党员干部更需有一点淡泊心。可以说,淡泊名利是共产党人应当具备的精神追求和价值取向,是由中国共产党全心全意为人民服务的根本宗旨所决定的,成为中国共产党人初心的题中之义。毛泽东同志曾指出:每个共产党员都要学习白求恩同志毫不利己专门利人的精神,对工作要极端负责任,对同志对人民极端热忱。①董必武同志也曾说:"一个自觉的革命家和一个普通人不同之处很多,但重要的一个区别,就是他们对于'我'的态度不同,是唯我呢?还是忘我?是以我的利益为出发点,还是以群众的利益为出发点。"正是这样,无数共产党人始终视革命利益高于一切,多想为党建功业,少想个人功与名。这就是说,共产党人要把淡泊名利作为自身的追求。

"心底无私天地宽。"甘祖昌同志就用行动向世人展现了淡泊名利的人

---

① 《毛泽东选集》第二卷,北京:人民出版社1991年版,第659页。

第三章 甘祖昌精神的科学内涵

生追求和精神境界,彰显了中国共产党人的名利观。名和利是相互依存、相互转换的。有利的基础,肯为社会服务,自然能获得好名誉;有名的招牌,容易被社会所接受,自然为获利提供了方便。因此,淡泊名利就意味着不易获利,要吃苦奉献①。《党章》明确要求党员要"吃苦在前,享受在后,克己奉公,多做贡献"。近年来,关于甘祖昌精神内涵的研究中,基本都会把淡泊名利突出出来,摆在首要位置。这是因为,甘祖昌同志用淡泊名利书写了精彩人生,其最突出的事迹、为人们所称道的就是他申请降衔和不当将军当农民的举动,这一典型案例集中反映了他淡泊名利的优秀品质,这一品质已升华为甘祖昌精神的核心内涵。

首先,甘祖昌同志能够正确对待职务。干部队伍的新老交替、领导班子的新陈代谢是一种自然规律,也是党的事业薪火相传、不断发展的需要。领导干部正确对待职务,体现着一种人生境界和人文修养,反映着党性的纯度、信仰的高度。"立志做大事的人,不应当立志做大官。"在甘祖昌同志看来,"我甘祖昌从参加革命起,历经磨难,九死一生,从没想到过升官发财,而今革命成功了,更不能将自己的功劳当成向党要待遇,要享受的筹码!人贵有自知之明,我每天都在反省自己,干革命究竟为的是什么?"②甘祖昌同志的夫人龚全珍同志也理解、支持他的举动。新中国成立后,在初次评定级衔时,甘祖昌同志主动给中央写信,要求降低自己的级别和军衔。在他看来,在革命队伍中,自己一直是从事后勤工作的,不曾立下过显赫战功。比起那些为革命做出贡献的功臣来说感到"于心不安",认为自己能评个连级就差不多了,最多评个营级。甘祖昌同志坚定地说:"只要涉及个人的名利问题,我就应当退避三舍。在授衔这个问题上,我还要继续实事求是地向中央军委写报告,申请降衔!"③尽管最终党中央从客观公正、实事求是的原则出发,还是授予甘祖昌同志少将军衔,但是,

---

① 黄献国、尹沛:《淡泊名利,轻装前行》,《中国国防报》2019年7月10日。
② 彭霖山:《将军农民甘祖昌》,南昌:江西人民出版社2013年版,第45页。
③ 彭霖山:《将军农民甘祖昌》,南昌:江西人民出版社2013年版,第47页。

甘祖昌同志申请降衔的事迹还是成为一段佳话，这也充分体现出他淡泊名利的优秀品质。

其次，甘祖昌同志能够放下。"放下"不是一个单纯的动作词，而是一种谦让的态度，一种胸襟与肚量。从1955年起，甘祖昌同志就做出了一个惊人的决定。他放弃去大城市生活，回乡当农民，先后三次向组织提出申请，要求回乡务农："我在外面治疗期间，不管走到哪里，心情总是无法平静下来。看到外面热火朝天的建设场面，我就觉得更闲不住了。坐着也是两个鼻孔出气，我必须走出病房，去参加劳动锻炼，去为社会主义新农村建设奉献余热……"1956年，甘祖昌再次向组织提出申请："……我已经修养两年了，病情依然不见好转。我深知只有告别部队工作了，但又不能过长期的疗养生活。倘若这样长期闲下去，我实在无法忍受。生命在于运动。我很想解甲归田，回到家乡农村去种田，支援农业生产第一线，把晚年的余热献给社会主义新农村建设，这样还能在劳动中锻炼自己的身体，也许比任何药物治疗还要好……迫切要求党组织批准我的请求。"1957年，甘祖昌第三次向组织提出申请。这一年，正值举国大办农业，提倡全党干部能上能下，能官能民。最终，新疆军组党委经研究同意，正式批准了甘祖昌同志的请求。①

一只15瓦的灯泡

20世纪60年代，地处山区的农村能够用得上电，是件稀罕事。然而，为了让沿背村用上电，甘祖昌同志亲自参加设计、亲自采购建材、亲自参加安装机器，终于建成了一座水电站。在沿背村民看来，"我们村能照上电灯，功劳首先还得归于甘祖昌将军！"为了节约用电，村民讨论决定，家庭用电一律安装15瓦灯泡。与此同时，大家还达成一个共识，为了甘

---

① 彭霖山：《将军农民甘祖昌》，南昌：江西人民出版社2013年版，第51—53页。

第三章 甘祖昌精神的科学内涵

祖昌工作方便，为他安装 60 瓦的灯泡。第二天晚上，甘祖昌就发现自家的灯光比别人家亮得多。仔细一瞧，发现了其中的名堂。他直奔水电站，生气地问站长："是谁出的这样一个馊主意？"

站长打着哈哈回应："谁也没权拍这个板，是生产大队的群众大会上通过的！"

甘祖昌冷笑："我可不领这个情。"

站长则抢白道："甘大伯，你天天说走群众路线，为啥这次群众大会上的决议你又要推翻？"

"这……"甘祖昌一时给这话"噎"住了。待了一会，他火气渐渐消了，语气也比较缓和了："是啊，我甘祖昌历来相信群众相信党，可是一旦党和群众要给予我特殊照顾时，我便感到很难过，一定要坚决谢绝。因为我也是一个普通农民，如果事事都照顾，就成了特殊农民！就背离了我当农民的初衷！"

站长耐心地解释："甘大伯，大伙主要是考虑到您年纪大了，从工作方面出发，所以……"

"所以就让我搞特殊化！"甘祖昌打断对方的话："正因为我年纪大，受党的教育时间长，所以事事、处处更应当注意洁身自好，半点特殊化都不能搞！"

——摘编自彭霖山：《将军农民甘祖昌》，江西人民出版社 2015 年版，第 144-148 页

"名为招祸之本，利乃忘志之媒。"历史地看，淡泊名利是一种境界，追逐名利是一种贪欲。对于党员干部来说，在名利得失上保持平常心，对名利地位看得淡一些，就不会在名利面前失去平衡摔跟头，就能保持共产党人的清廉本色，就能够做到不忘初心、牢记使命。甘祖昌同志始终保持平常之心、淡泊之情、奉献之志。甘祖昌同志曾说："共产党人敢为天下

先。正因为历朝历代没有将军当农民,所以我们共产党人就是要开这个先例,干前人没有干过的事业。当将军,当农民,同样都是为人民服务。革命工作不分高低贵贱,共产党员能上能下,能官能民。……共产党员不能享清福,要艰苦奋斗一辈子,只要我们时刻牢记党的宗旨,牢记共产党人的理想、信念,我们还有什么个人私利不能舍弃的呢?"这就从根子上揭示了甘祖昌精神之淡泊名利的密码。他放弃的是家庭的安逸,选择的是国家的利益。甘祖昌同志回乡的批复下来后,谢绝了组织上的关照,迅速带着家人,告别战友,轻车简从地回到了家乡。有关部门按照国家规定多次提出拨款给他盖房子,他体谅国家搞建设用钱的地方多,均予以谢绝;国家给他发的工资,他没有看作私有财产,每花一分钱都要掂一掂分量,大部分用在了支援家乡建设上。他说:"活着就要为国家做事情,做不了大事就做小事,干不了复杂重要的工作就做简单的工作,决不能无功受禄,决不能不劳而获。"甘祖昌同志放弃的是眼前的浮华,选择的是永远的奉献,彰显了中国共产党人利益观的核心内涵。

一分为二的鱼

1957 年,甘祖昌从新疆军区回到莲花县坊楼镇沿背村。有一次生产大队的水库捞鱼,按每户 3 斤分给社员,队长有意照顾,抓了一条大鱼给他家。甘祖昌得知自己的鱼比别人家大时,硬是去厨房将鱼一分为二,留下一半,让队长把另一半拿走了。

——摘编自彭霖山:《将军农民甘祖昌》,江西人民出版社 2013 年版,第 196 页

"天之道,利而不害;圣人之道,为而不争。"甘祖昌同志的一生,始终坚持严于律己、艰苦朴素,只求奉献、不思回报。甘祖昌同志回乡以后,

第三章 甘祖昌精神的科学内涵

曾给自己约法三章，衣食住行都要和普通农民一样，决不能图安逸，讲排场，贪享受，时时处处严格要求自己，无论在哪里都不搞半点特殊化。实际上，一个人只有舍弃对名利的渴求，才能不为俗事所困；只有舍弃对财富的贪婪，才能不为物欲所累；只有进入忘我的境界，才能成为自己的主宰。主宰自己是件很不容易的事情，尤其是在物质利益、官位及荣誉的诱惑下，仍能坚守共产党人的准则，就更不容易。甘祖昌同志之所以可以做到淡泊名利，关键在于道德的厚重，不为名利所困，不为利诱所惑，公而忘私、大公无私；关键在于人格的高尚。甘祖昌同志曾说："物质生活可以简朴，但精神生活一定要丰富充实。"正是这样，甘祖昌同志一直坚守着自己的道德标准和理想信念，看淡名利，不计得失，以淡泊的情怀书写出高贵的人生。

甘祖昌同志淡泊名利、甘于奉献的高尚情操，是他留给时代宝贵的精神财富，也是中国共产党人应有的价值取向和精神追求，成为甘祖昌精神的重要内涵。淡泊名利关键要志存高远，甘于奉献，勇于吃苦，心存戒惧。淡泊名利不是为了标榜闲情逸致、碌碌无为，而是要实实在在地干事创业、履职为民。中国特色社会主义进入新时代，广大党员干部要以甘祖昌同志为镜，从甘祖昌精神中汲取营养，涵养淡泊名利的精神境界，树立正确的名利观、地位观、是非观，真正把党和人民的事业牢牢放在心上，以平常之心对待"名"、以知足之心对待"利"、以淡泊之心对待"位"、以敬畏之心对待"权"，如此，就能清清白白做人、干干净净做事、坦坦荡荡为官。然而，现实中却有个别党员干部经不起考验，世界观、人生观、价值观发生动摇，一个突出问题就是"争名于朝，争利于市"，究其根本同党员干部不能正确对待权力、名利、地位等问题有着直接关系。从这个意义上说，学习甘祖昌同志这种淡泊名利的高尚情操，在心中立起共产党人的明镜，努力做一个高尚的人，一个纯粹的人，一个有道德的人，一个脱离了低级趣味的人，一个有益于人民的人，理应是我们这个时代每一个人的价值选择和价值坚守。

二、艰苦奋斗

甘祖昌同志是党员干部发扬艰苦奋斗精神的典型,他身上体现着共产党人把艰难困苦踩在脚下的豪迈情怀,体现着把生死置之度外的坚贞不屈。也就是说,甘祖昌精神中贯穿着、闪耀着艰苦奋斗精神的光辉。甘祖昌同志曾说:"我们共产党人干事,不靠天不靠地,就靠自力更生、艰苦奋斗!"①

艰苦奋斗是中华民族的光荣传统,是中华优秀传统文化的基因,也是我们党的立业之本、取胜之道、传家之宝。毛泽东同志曾指出:"没有中国共产党在过去十五年间的艰苦奋斗,挽救新的亡国危险是不可能的。"②当年,美国作家埃德加·斯诺到延安采访,从毛泽东同志住窑洞、周恩来同志睡土炕等平凡小事上,洞察出共产党人艰苦奋斗作风的伟大力量,并动情地把它称为"东方魔力""兴国之光"。艰苦奋斗的精神作为中国共产党革命精神的重要内涵,成为中国共产党人的精神共识、精神追求和行为准则,滋养着甘祖昌精神的形成发展,影响着甘祖昌精神内涵的发展,成为甘祖昌精神的根本属性和精髓所在。

艰苦奋斗,就一般意义而言,包括物质和精神两个层面的内容。从物质层面上讲,艰苦主要是一个生活标准,就是要求人们的物质消费要与社会生产力发展的现实状况相适应,其实质是要珍惜劳动创造的物质财富,节俭朴素,反对铺张浪费、奢侈挥霍;从精神层面上讲,奋斗则主要表现为不畏艰难、坚忍不拔、奋发图强、拼搏创业的精神状态。③艰苦奋斗精神,为我们党在极端艰难困苦的条件下进行革命、进行建设提供了具体的遵循和行动准则,也是长期以来一名共产党员、一个党在面对任何条件时

---

① 甘仁荣:《父亲甘祖昌》,南昌:江西教育出版社2019年版,第13页。
② 《毛泽东选集》第一卷,北京:人民出版社1991年版,第185页。
③ 柳礼泉:《论坚持艰苦奋斗与实现远大理想的统一》,《科学社会主义》2008年第1期。

第三章
甘祖昌精神的科学内涵

所应该具有的政治本色和精神气质。[①]从这样的意义上说，发扬艰苦奋斗精神，具有必然性。

艰苦奋斗，首先是不怕困苦，能够吃苦。不怕苦、不怕累，是发扬艰苦奋斗精神的基础。甘祖昌同志出生在一个贫苦的农民之家，从9岁起就开始了挑脚的生涯。挑脚是一份十分艰苦的工作。有民谣如是说："挑脚苦，挑脚苦，血汗流尽还挨饿，挑不走穷和恨，日子一样黄连苦。"这段经历，磨砺了甘祖昌特别能吃苦的品质。当然，这段经历也锤炼了他待人平等、生活朴素的生活作风以及置生死于身外的乐观豁达的胸怀。

甘祖昌挑脚生涯的开启

甘祖昌第一天挑脚用两个布袋子装大米，虽然只有大约30斤的重量，但对于只有9岁的孩子来说仍然是很沉的。甘祖昌在上高步岭时，感到肩上压的像是两座大山。他咬紧牙关，挺直腰板，紧赶慢赶，跟着大人的脚步。到达山顶时，身子就像散了架似的，一下子坐在地上。在他看来，这样的生活，"不怪爹，不怪娘，只怪自己命运差，生来就是累力的命"。

半夜里，甘祖昌拖着像是灌了铅似的双腿回到家中后，将赚来的几个铜板塞给母亲，倒头就睡。母亲看到孩子的双肩被磨得又红又肿，心中不忍，第二天对孩子说："孩子，你就是能挑座金山、银山回来，娘也不稀罕了！"甘祖昌则笑着回应说："娘，儿子好好的，不就肩膀上擦破了几块皮，你就别大惊小怪了，一次生，二次熟，三次、四次打米果。等这嫩皮磨破后再长出一层厚茧，儿子就能挑重担了！"

就这样，甘祖昌小小年纪就加入了挑脚的队伍。正所谓艰难困苦，玉

---

①顾保国、谭雅静：《毛泽东艰苦奋斗思想的时代内涵及价值意蕴》，《湖南科技大学学报（社会科学版）》2020年第3期。

汝于成。这段艰辛的经历,对于甘祖昌日后投身革命、坚定信仰产生了重要影响。

——摘编自彭霖山:《将军农民甘祖昌》,江西人民出版社2013年版,第3-4页

在革命战争年代,物资极度匮乏,还要同敌人打仗,发扬艰苦奋斗的精神是极端重要的。毛泽东同志在井冈山时期就明确指出:"节省每一个铜板为着战争和革命事业。"①新中国成立前夕,毛泽东同志还明确提出"两个务必",即"务必使同志们继续地保持谦虚、谨慎、不骄、不躁的作风,务必使同志们继续地保持艰苦奋斗的作风";等等。作为甘祖昌同志革命道路的重要引路人,方志敏同志在狱中曾写道:"为着阶级和民族的解放,为着党的事业的成功,我毫不稀罕那华丽的大厦,却宁愿居住在卑陋潮湿的茅棚;不稀罕舒适柔软的钢丝床,宁愿睡在猪栏狗窠似的住所……一切难于忍受的生活,我都能忍受!"②甘祖昌同志亦如此,并把艰苦奋斗熔铸成为甘祖昌精神的重要精神元素。

甘祖昌同志参加过艰苦卓绝的长征,既是长征精神的普通创造者,也是接受长征精神滋养的革命战士。从1934年10月至1936年10月,红军第一、第二、第四方面军和第二十五军进行了伟大的长征。我们党领导红军,以非凡的智慧和大无畏的英雄气概,战胜千难万险,付出巨大牺牲,胜利完成震撼世界、彪炳史册的长征。毛泽东同志曾说:在长征路上,"十二个月光阴中间,天上每日几十架飞机侦察轰炸,地下几十万大军围追堵截,路上遇着了说不尽的艰难险阻,我们却开动了每人的两只脚,长驱二万余里……总而言之,长征是以我们胜利、敌人失败的结果而告结束。""谁使长征胜利的呢?是共产党。没有共产党,这样的长征是不可能

---

① 《毛泽东选集》第一卷,北京:人民出版社1991年版,第134页。
② 《方志敏全集》,北京:人民出版社2012年版,第159页。

设想的。中国共产党,它的领导机关,它的干部,它的党员,是不怕任何艰难困苦的。"①1934年9月,甘祖昌同志调任红六军团五十三团司令部司务长,跟着部队踏上了漫漫长征路。在长征路上,甘祖昌同志历经磨难,九死一生,最终来到宝塔山下,延水河畔,成为一名坚强的无产阶级革命战士。

到达陕北以后,甘祖昌同志还参加了抗日战争、解放战争,经历过数百次大大小小的战斗,展示出征服一切困难而不被任何困难所征服的革命精神。在南泥湾大开荒运动中,广大指战员一致认为,"干革命需要艰苦奋斗,艰苦奋斗才能干好革命"。甘祖昌同志强撑病体参加劳动,面对战友们的好心相劝,他却说:"同志们啊,只要我还有一口气,就要在这里干到底!多开一分地就能多打一份粮,多一份粮就是多一份战斗力量。干革命不怕流血牺牲,难道还怕流汗吗?"就这样,经过三五九旅全旅指战员的艰苦奋斗,南泥湾的面貌发生了翻天覆地的变化,荆棘遍野、荒无人烟的南泥湾变成了"处处是庄稼,遍地是牛羊"的陕北好江南,充分展示了在困境中奋起、在艰苦中发展的强大精神力量。

甘祖昌同志在新疆工作期间,环境也十分艰苦。王震同志曾回忆说:"我军入疆后,行装甫卸,征尘未洗,立即继承和发扬延安精神和南泥湾屯垦的光荣传统,开展了轰轰烈烈的大生产运动,广大指战员一手拿枪,一手拿坎土曼,自力更生、艰苦奋斗,在渺无人烟、荆棘丛生的荒野碱滩上,挖开冰雪,安营扎寨,用他们战斗过的双手,向塔里木、准噶尔盆地的千里荒野展开了新的进军。没有房子挖地窖,没有工具自己造,没有牲口人拉犁,不熟悉当地作物栽培规律,虚心向随军入疆的农业专家学习。他们开发荒原,兴修水利,植树造林,架桥铺路,兴办农场、渔场及各类作坊,真是百业兴旺、蒸蒸日上。"②甘祖昌同志就是入疆大军的一员,他发扬艰苦奋斗精神,追求新的胜利。

---

① 《毛泽东选集》第一卷,北京:人民出版社1991年版,第150页。
② 万卫平:《王震与兵团》,五家渠市:新疆生产建设兵团出版社2009年版,第309-310页。

★ 甘祖昌精神

关于甘祖昌同志艰苦奋斗的例子还有很多，无不体现着甘祖昌同志身上艰苦奋斗的革命精神。他刚刚回乡，就提出要治理虎形岭。针对乡亲们和兄弟们的"反调"和劝阻，他利用三五九旅在南泥湾大生产的例子给兄弟们做思想工作："世界上本来就没有一成不变的东西，何况土地本身是无价之宝，怎么能白白浪费？你们过去做过试验，但在失败后没有找出原因。"南泥湾恶土长出庄稼，"我们总结的经验是深挖土，先把表层土挖出放在旁边，再挖下面的土，至少要深挖到一尺以上，然后再把表土盖在上面。这层表土有烂草、叶子，都是肥料，再施上一些农家肥，不就能长出庄稼了？因为土挖得深，水分渗入土里后，不会很快蒸发掉，庄稼便死不了。肥和水，就是治理红壤的科学法宝"！在做通思想工作后，甘祖昌同志就投身到虎形岭的改造中。"这一干就是一个多月，披荆斩棘，虎口裂开，水泡出血，双手的茧花一层叠着一层。锄头挖断了七八把，挖出的树根荆棘堆成一座小山似的。甘祖昌还真把当年南泥湾开荒时的那股子劲全部都使了出来。苦心人，天不负。终于开垦出六七分地。"然而，土地开垦出来了，紧接着遇到的难题就是水源。他"走出虎形岭，就近勘察水源。最后终于在附近找到一股山泉水"。可是，山泉水的地势比较低，怎么办？甘祖昌同志就进行进一步的勘察和测量，发现实际地势相差不大，地势低洼地带填上土方就可以了。于是，他又连着干了三天，终于开挖出一条水渠，实现了对开垦地块的灌溉。这年，甘祖昌同志在这几分红壤地里收获了500多斤南瓜、600多斤红薯，还有3500多斤萝卜、白菜等。经过几年的坚持和开垦，虎形岭完全改变了昔日荒凉满目的面貌，被开垦出来的100多亩红土壤地里长满了庄稼。①

艰苦奋斗，重在奋斗，贵在进取。艰苦奋斗，一是能吃苦，二是要奋斗，也就是说，既要有不怕困难的精神境界，更要有苦干实干、奋发图强的精神斗志。这是一种不屈不挠、顽强向上，不向任何困难低头的大无畏

---

① 彭霖山：《将军农民甘祖昌》，南昌：江西人民出版社2013年版，第65页。

第三章 甘祖昌精神的科学内涵

的气概。在新中国成立前夕,毛泽东同志提出的"两个务必",其中之一就是不要忘记艰苦奋斗。1957年3月,毛泽东同志在《坚持艰苦奋斗,密切联系群众》中提出,全党要保持过去革命战争时期的那么一股劲,那么一股革命热情,那么一种拼命精神,把革命工作做到底。①这股劲,这股革命热情,这种拼命精神,就可以理解为艰苦奋斗的精神。世界上的事情,都是干出来的,不是说出来的。社会主义也是干出来的。甘祖昌同志解甲归田回到农村以后,不忘初心,牢记使命,把毛泽东思想内化于心,外化于行,继续发扬艰苦奋斗的优良传统,投身到新中国建设中。为了社会主义建设,甘祖昌同志从建设自己的家乡开始,始终坚持在生产劳动的第一线,身体力行,苦干实干,带领乡亲们改造冬水田、修水坝、建电站、开荒地等。别人劝他不要这样拼命,他却说:"共产党人不能享清福,要艰苦奋斗一辈子。"因此,我们说,甘祖昌同志以他的一言一行对艰苦奋斗做了生动的诠释。

勤俭节约是艰苦奋斗的内在要求和必然选择。"历览前贤国与家,成由勤俭败由奢。"1956年8月27日,毛泽东同志在审阅邓小平同志关于修改党的章程的报告时,做了两处较大的修改。其中的一处就是在原稿关于中国共产党胜利的原因"要归功于人民群众对于我们的信任和支持,要归功于全体党员的艰苦奋斗"之前,加写了"首先和最主要地"七个字。可见,艰苦奋斗在毛泽东同志心中的分量。②1957年2月,毛泽东同志曾明确提出要执行厉行节约、反对浪费这样一个勤俭建国的方针。在毛泽东同志看来,社会主义制度的建立给我们开辟了一条到达理想境界的道路,而理想境界的实现还要靠我们的辛勤劳动。可以说,勤俭节约是中国共产党人与生俱来的生活作风。在革命战争年代,甘祖昌同志就坚持勤俭节约,坚持吃苦在前、享受在后。据甘仁荣回忆:甘祖昌同志"在部队一直保持艰苦朴素的作风,总是穿着和战士们毫无区别的军服,脚踏一双普通布

---

① 《毛泽东文集》第七卷,北京:人民出版社1999年版,第285页。
② 《毛泽东年谱(1949-1976)》第二卷,北京:中央文献出版社2013年版,第610页。

鞋,棉裤的膝盖上打着两个补丁,衬衣袖口磨破了,就改成短袖穿"。"长期的部队后勤工作,让父亲养成了精打细算、厉行节约的习惯。"①甘祖昌自己也曾说:"进驻新疆后,国家处于经济恢复时期,困难很多,我们部队处于半供给状态,形势十分严峻。我们只能开源节流,勤俭节约,无论干什么事,都要坚持少花钱多办事。否则,我们就会像帝国主义预言的那样,从新疆滚出去。"②在建设沿背大桥时,甘祖昌同志与技术人员一起不断检查工程质量和精度,坚持精打细算,厉行节约。一点一滴核定每笔开支。就连一个水泥袋一块木模板,都尽量派上用场,绝不糟蹋浪费。当打听到水泥厂能回收旧水泥袋时,甘祖昌同志便每天在收工时将散落在工地的水泥袋一个个收集起来,再统一让水泥厂回收。仅仅是这一项,就节约经费 2000 余元。一块木模板也总是用了又用,直至不能用了才算完。看见扔在河床上的破担箕,也一只一只捡回来,用铁丝扎牢后又拎上了工地……③就这样,一座桥,由 10 万元投资减少到 3 万元,3 万元造出了 12 座中、小型桥。乡亲们夸赞说:多亏了甘祖昌这个"铁算盘",左抠右抠,抠出 12 座桥。

甘祖昌同志功成身退以后依然保持着艰苦朴素的优良传统,坚持生活简朴、勤俭办事。回到家乡以后,甘祖昌同志对自己和家人很"抠门"。④1957 年回乡之初,他和两个弟弟挤在一起,3 家共 20 多口同住在一栋旧房子里。省里按规定拨出 5 万元专款,准备为他在吉安市另盖新房。他闻讯后找有关领导表示,国家还很穷,又要搞建设,用钱的地方多,未予同意。民政部门多次提出要为他在莲花县城盖房,同样被他婉言谢绝。后来,家中人口渐增,老房子不堪拥挤,才自己花钱在老家盖了栋普通民房。江西省民政厅要给他建房费,他坚决不要,运来了玻璃,也原物奉还,

---

① 甘仁荣:《父亲甘祖昌》,南昌:江西教育出版社 2019 年版,第 71 页。
② 甘仁荣:《父亲甘祖昌》,南昌:江西教育出版社 2019 年版,第 153 页。
③ 彭霖山:《将军农民甘祖昌》,南昌:江西人民出版社 2013 年版,第 157 页。
④ 甘仁荣:《父亲甘祖昌》,南昌:江西教育出版社 2019 年版,第 71 页。

第三章
甘祖昌精神的科学内涵

并附信一封，说道：'在农村，目前大多数群众都没有装玻璃，我的房子如果装上玻璃就是搞特殊化了。"①对于甘祖昌同志的居住条件，他的女儿回忆说："父亲住的房间，墙壁乌黑，光线暗淡，白天苍蝇成群，晚上蚊子肆虐……他却甘之如饴，谈笑自若。"②"父亲一生清贫，大部分积蓄都捐给集体办公益事业，我们一家过着简朴的生活。三年困难时期，他亲自喂猪，目的是帮助国家还外债。到了80年代，父亲已经行动不便了，他还是坚持自己料理生活，让已经离休的母亲养猪。可家里从来没有杀过一头猪，全部以平价卖给国家，供应给老百姓。"③

甘祖昌同志在生活中也十分简朴。甘祖昌同志自己种菜自己吃，每件衣服至少穿10年。衣服破了就补，补好再穿，实在不能补了就拿去做鞋底。他曾说："大家争着要的东西，我们不要；大家不要的，我们要。"群众称他的形象是：一身补丁打赤脚，一根烟斗没有嘴，白罗布手巾肩上搭，走路笔挺快如风。甘仁荣回忆说："家里吃的是粗茶淡饭，蔬菜瓜果都是自己种的。屋前屋后有几块地，里面种了蔬菜、棉花；每年养了二三十只鸡产蛋，基本上是自产自用。……从小父亲要求我们碗里不能剩一粒米饭，掉在桌上的饭粒要捡起来吃掉，决不允许浪费一粒粮食。"④甘祖昌同志还说：该花的钱，只要用在刀刃上，几万、几十万、上百万都该花；不该花的钱，一元一角一分一厘都不能浪费！即使家大业大了，勤俭节约的本色也不能丢，大手大脚的作风不能要。⑤

---

① 新疆军区：《一代风范——将军农民甘祖昌》，乌鲁木齐：新疆大学出版社2002年版，第6页。
② 甘仁荣：《父亲甘祖昌》，南昌：江西教育出版社2019年版，第41页。
③ 甘仁荣：《父亲甘祖昌》，南昌：江西教育出版社2019年版，第52页。
④ 甘仁荣：《父亲甘祖昌》，南昌：江西教育出版社2019年版，第59页。
⑤ 彭霖山：《将军农民甘祖昌》，南昌：江西人民出版社2013年版，第154页。

★ 甘祖昌精神

只报一半差旅费

1975年,甘祖昌赴京参加开会。为了节省费用,从家里启程,搭乘莲花到萍乡的班车,车票一块五角钱;到萍乡准备等第二天清早路过的火车上北京,晚上花了一块钱在一家普通饭店住下。

"不想碰上人家查夜,暴露了我的身份,有人便赶紧给他们的领导打了电话。这样一来,可惊动了萍乡的领导们,并安排我住进一家高级宾馆。"甘祖昌一打听,住一个晚上要几十块钱,"尽管花国家的钱,但我住着挺心痛"。于是,等这些领导一走,甘祖昌便找了个借口退了房间,到火车站附近花五毛钱打了个通铺过了一个晚上。第二天清早便上了火车……

就这样,甘祖昌进京的花费还没有花上五十块钱,"按照人家给我的预算,我可以只报一半的差旅费"。

——摘编自彭霖山:《将军农民甘祖昌》,江西人民出版社2013年版,第176-177页

艰苦奋斗是人类社会进步的前提和基础,是一个民族自强不息的精神动力,它具有凝聚性、内化性、时代性等显著特征。艰苦奋斗精神是我们成就一切事业不可或缺的精神力量,须臾不可丢弃。毛泽东同志曾指出:"根本的是我们要提倡艰苦奋斗,艰苦奋斗是我们的政治本色。"[1] 邓小平同志曾指出:"我们穷,底子薄,教育、科学、文化都落后,这就决定了我们还要有一个艰苦奋斗的过程。"[2] 在他看来,中国如果不普遍地提倡艰苦奋斗、勤俭节约,要在20世纪末实现国民生产总值翻两番的目标就不能达到。江泽民同志曾指出:"经济越是发展,物质生活条件越是改善,共产党

---

[1]《毛泽东文集》第七卷,北京:人民出版社1999年版,第162页。
[2]《邓小平文选》第二卷,北京:人民出版社1994年版,第257页。

员尤其是领导干部就越要发扬艰苦奋斗精神，越要诚心诚意为人民服务。"① 胡锦涛同志也曾指出：即便是我们的经济发展了，国家富强了，人民富裕了，也仍然要保持和发扬艰苦奋斗的优良作风。② 中国特色社会主义进入新时代，习近平总书记更是反复强调要发扬艰苦奋斗的优良传统。他明确指出："不论我们国家发展到什么水平，不论人民生活改善到什么地步，艰苦奋斗、勤俭节约的思想永远不能丢。艰苦奋斗、勤俭节约，不仅是我们一路走来、发展壮大的重要保证，也是我们继往开来、再创辉煌的重要保证。"③ 可以说，无论过去、现在和将来，艰苦奋斗都是共产党人应该具有的政治品质。

甘祖昌同志的先进事迹及其凸显的艰苦奋斗精神，穿越时空、历久弥新，是我们战胜困难、应对各种风险挑战的动力之源。习近平总书记明确指出：过去我们党靠艰苦奋斗、勤俭节约不断成就伟业，现在我们仍然要用这样的思想来指导工作。④ 甘祖昌精神内在地包含着发扬艰苦奋斗优良传统的含义。为了让孩子接过艰苦奋斗的传家宝，甘祖昌同志对子女要求严格，不许他们有任何特殊，并经常告诫子女："要挑老红军的担子，不能摆老红军的架子。"然而，我们提倡发扬艰苦奋斗精神，并不等于说要人们刻意地去过清教徒式、苦行僧式的生活，也不是要否定合理的物质利益。艰苦奋斗所要反对的是脱离国情、脱离生产力发展水平的高消费和奢侈浪费。⑤ 广大党员干部要自觉以甘祖昌同志为镜，始终保持昂扬向上、奋发进取的精神状态，把心思和精力用在工作上，吃苦在前、享受在后，不畏艰难、不懈奋斗，推动各项工作取得实效。

---

① 《江泽民文选》第一卷，北京：人民出版社2006年版，第359页。
② 《胡锦涛文选》第一卷，北京：人民出版社2016年版，第58页。
③ 《习近平在参加内蒙古代表团审议时强调　保持加强生态文明建设的战略定力守护好祖国北疆这道亮丽风景线》，《人民日报》2019年3月6日，第1版。
④ 《习近平在参加内蒙古代表团审议时强调　保持加强生态文明建设的战略定力守护好祖国北疆这道亮丽风景线》，《人民日报》2019年3月6日，第1版。
⑤ 李崇富等：《弘扬艰苦奋斗精神　推进党的作风建设》，《马克思主义研究》2003年第1期。

三、一生为党

甘祖昌同志的一生是为党奋斗的一生,他时刻意识到自己是一名共产党员,始终遵奉自己的誓言,守初心、担使命,坚持在党言党,在党爱党,在党忧党,在党为党,以实际行动展现了共产党人的高尚情操,在人民群众心目中树立了崇高的形象。"一个人也好,一个政党也好,最难得的就是历经沧桑而初心不改、饱经风霜而本色依旧。党的初心和使命是党的性质宗旨、理想信念、奋斗目标的集中体现,激励着我们党永远坚守,砥砺着我们党坚毅前行。"①甘祖昌同志的一生就是不忘初心、牢记使命的一生,就是为党的事业奋斗终生。他在请求回乡务农种田时曾表达心志说:"只要我还有一口气,我就要继续为党干点实际工作。"②甘祖昌同志是这么说的,也是这么做的。他去世后,人民日报编发了讣告:"甘祖昌同志是一位真正的共产党员,一名忠诚的共产主义战士。"可以说,"一生为党"是甘祖昌同志的真实写照,也积淀为甘祖昌精神的重要内涵和政治品格。

党的事业,人民的事业,是靠千千万万党员干部的忠诚奉献而不断铸就的。甘祖昌同志始终坚守初心,一生都把全部心思和精力用在党和人民的事业上,用自己的模范行动,塑造了一个优秀共产党员"一生为党"的光辉形象,彰显了他对党和人民高度负责的政治责任感和政治觉悟。纵观甘祖昌同志的一生,他在任何时候都能够正确处理个人和组织的关系,始终对党绝对忠诚,自觉维护党中央权威和集中统一领导,自觉维护毛泽东同志的领袖地位,坚决反对和抵制不利于党的团结和损害党中央权威的言论和行动。正如龚全珍同志所总结的,之所以有"甘祖昌现象",归根结底就是甘祖昌同志始终没有忘记自己是一名普通共产党员,始终没有忘记

---

① 习近平:《在"不忘初心、牢记使命"主题教育总结大会上的讲话》,《人民日报》2020年1月9日,第2版。
② 彭霖山:《将军农民甘祖昌》,南昌:江西人民出版社2013年版,序第2页。

党的宗旨。什么岗位不重要，共产党员能上能下。重要的是岗位要适合自己全心全意为人民服务。[①]

甘祖昌同志一生为党表现在他对党和人民的事业无限忠诚。心中有党、对党忠诚，是具体的而不是抽象的；不是一句简单的口号，是根植于内心的信仰。这就是说，作为党员干部，不论在什么地方、在哪个岗位上工作，都要增强党性立场和政治意识，经得起风浪考验。中国共产党是一个具有远大理想抱负、为最广大人民群众谋利益、为实现共产主义而奋斗终生的中国工人阶级先锋队。这种鲜明的品格，决定我们党胸怀远大，大公无私，没有本阶级、本集团、本人的私利，在党的旗帜的感召指引下，汇聚了许多优秀的先锋队战士。他们对党忠诚，无私奉献；与党同心同德，以身许党。习近平总书记曾经指出，是否具有担当精神，是否能够忠诚履责、尽心尽责、勇于担责，是检验每一个领导干部身上是否真正体现了共产党人先进性和纯洁性的重要方面。[②]事实上，一名共产党员的价值实现，不在于拥有多少物质财富，而是体现在为党分忧、为国尽责、为民奉献的永恒价值追求上。唯有如此，才能永葆共产党人的政治本色。

天塌大祸让我一个人来承担

为了建桥，要聘请一位建桥师傅。甘祖昌通过了解决定请来的刘乃基，在"文化大革命"初期，造反派查出他家庭出身是地主成分，于是不分青红皂白，揪出来狠批猛斗了一阵子，再贴出一纸"通牒令"，并把刘乃基"清洗"回乡。

甘祖昌同志几经调查，了解刘乃基确有一技之长，曾经在西藏和平建设中立过功，便当机立断："踏破铁鞋无觅处，得来全不费功夫。孙悟空当挑夫——糟蹋人才。这样的人埋没了，多可惜呀！"

[①] 彭霖山：《将军农民甘祖昌》，南昌：江西人民出版社2013年版，序第2页。
[②] 《十七大以来重要文献选编》下，北京：中央文献出版社2013年版，第828页。

甘祖昌精神

针对几个老庚的好心相劝，甘祖昌同志却说："谢谢你们的关照。可我甘祖昌革命这么多年，什么风浪都经历过。党的政策历来是有成分，但不唯成分论，重在政治表现。就是给出路的政策，不能一棍子打死。刘乃基这个人我通过内查外调，已经证实是可以团结的对象，为什么我们就不能利用他的一技之长，为社会主义新农村建设服务呢？当然，万一以后事实证明是我甘祖昌错了，天塌大祸就让我一个人来承担吧！"

于是甘祖昌就同公社领导取得联系，主动介绍了刘乃基的情况，提议将他安排在社办企业工作，专门负责桥梁建设。公社领导当即采纳了这个意见。深陷囹圄的刘乃基见到甘祖昌时激动地说："甘……将军……我……该……怎样来……报答……您呢？！"甘祖昌则一字一顿地纠正说："不，我们应当报答的是祖国，是人民。好钢要用在刀刃上，这个位置适合你，你就应当人尽其力，才尽其用"。"现在回到家乡来了，应当继续发挥作用，造福乡梓！"而针对刘乃基的顾虑，甘祖昌则鼓励说："你为家乡做了好事，家乡人民全看得见的"。

正是有甘祖昌同志对人才的尊重，发挥了刘乃基的特长。大桥开工以后，刘乃基全身心投入建设之中，严肃认真，一丝不苟。凡是涉及技术方面的知识，刘乃基都毫无保留地奉献出来，并耐心细致地传授给建桥工人，做到认真设计，精心施工，保质保量，多快好省。

最终沿背大桥，建成了。

——摘编自彭霖山：《将军农民甘祖昌》，江西人民出版社 2013 年版，第 165 页

甘祖昌同志从加入党组织那一刻起，就始终牢记党的崇高理想，并把自己的人生与党的命运紧紧联系起来，为党分忧、为党奋斗、为党争光，用一生的实际行动回答了共产党员是先进"一辈子"而非"一阵子"。习近平总书记曾指出："一切向前走，都不能忘记走过的路；走得再远、走到

第三章
甘祖昌精神的科学内涵

再光辉的未来,也不能忘记走过的过去,不能忘记为什么出发。面向未来,面向挑战,全党同志一定要不忘初心,继续前进。"①这个初心,就是建党时中国共产党人的奋斗精神,就是对人民的赤子之心。甘祖昌同志南征北战几十年,从不居功自傲,他常说:"要挑老红军的担子,不能摆老干部的架子。"甘祖昌同志病重期间,莲花县委领导提出转院到上海或广州治疗,他一再表示县医院很好,不要转院,免得多花费国家的钱财。甘祖昌同志多次指出:"共产党人不能享清福,要艰苦奋斗一辈子,要时刻牢记党的宗旨,牢记共产主义理想、信念。"甘祖昌同志还说:"我生不扬名,死不树碑","只要还有一口气,我就要继续为党干点实际工作"②。甘祖昌同志临终之际,对乡亲们还是念念不忘,给夫人龚全珍同志交代"领了工资,先交党费,留下生活费,其余的全部买农药化肥送给贫困户"。这就是甘祖昌同志一生为党最为生动而鲜明的写照。

甘祖昌同志时刻严格按照党员标准要求自己,时刻不忘自己对党应尽的义务和责任。无论是在革命战争年代,还是在和平建设时期,甘祖昌同志一以贯之地坚持为党和人民的事业奋斗。1940年9月,正值三五九旅响应毛泽东同志"自己动手,丰衣足食"的伟大号召之际,时任三五九旅供给部军需科科长的甘祖昌同志奉命在绥德南关外文砭村筹建一家纺织厂。然而,既没有厂房,没有资金,也没有工具和原料。有人嘟囔着,巧妇难为无米之炊!甘祖昌同志则笑着说,我们共产党人就是要做"无米之炊,创造人间奇迹"!"我们靠的是自己动手,自力更生,艰苦奋斗,克服困难。这样,我们的目的就能达到!"在甘祖昌同志的努力下,这家纺织厂正式开办,并被王震同志现场命名为"大光纺织厂"。王震还撰写了一副对联:"动手动脚,自给自足;同心同德,爱国爱民。"③甘祖昌同志始终都

---

① 习近平:《在庆祝中国共产党成立95周年大会上的讲话》,北京:人民出版社2016年版,第8页。
② 新疆军区:《一代风范——将军农民甘祖昌》,乌鲁木齐:新疆大学出版社2002年版,第3页。
③ 彭霖山:《将军农民甘祖昌》,南昌:江西人民出版社2013年版,第23-24页。

坚持相信组织、依靠组织、服务组织。前文已经多次论及甘祖昌同志解甲归田、不当将军当农民的事迹，从根本上说，就是他心中有党，就是为了不给组织"添麻烦"。甘祖昌同志作为开国将军，为了中国革命的成功而走出农村，功成名就之后，又毅然返回农村重操旧业，奉献一辈子、劳作一辈子、清贫一辈子，这就是他一生为党最生动的写照。甘祖昌同志曾说："只要我的心脏还能跳动，我有一分热，就发一分光，就一定为建设一个幸福的农村贡献自己的力量。"这是他参加革命的铮铮誓言，更是他无私奉献的力量源泉。甘祖昌同志的乡亲们曾感叹道："祖昌革命30年，而今虽然熬出头来了，但还是保持了我们种田人的本色啊！"①这也是共产党人的本色——不忘初心，这也成为甘祖昌同志之所以至今被人们纪念的根本原因。

　　甘祖昌同志反对滥用党和人民给予的权力。在党性与亲情面前，甘祖昌同志永远把党性放在第一位，诠释着共产党人高尚的精神品质。就在甘祖昌同志建设住房时，他带领全家老小，挖坑做砖烧了一窑砖，买了木料等。然而，生产队急着要盖仓库又缺少必要的材料。甘祖昌同志知道情况后当即表态："把我家的建筑材料借去吧！"生产队长大吃一惊："你家不是马上就要开工了吗？"甘祖昌同志则神情肃然："先公后私吧！自己的事最大也是小事，公家的事最小也是大事。"②甘祖昌同志的大女儿甘平荣想参军，便希望父亲写封介绍信，介绍她去部队锻炼。甘祖昌同志则严肃地说："平荣，应征入伍、保卫祖国是每个公民应尽的职责和义务，我当然坚决赞成。可是，部队的征兵工作每年都有计划，而这些年农村没有征女兵的计划，怎么能破这个例，要我给新疆军区的领导写信？这不明显是为你搞特殊化，这个'后门'不能开！"为此，甘祖昌同志还动员家人来做甘平荣的思想工作。"孩子，实在当不了兵，也不要紧，当护士也是挺好的。你难道还不了解你爸爸的脾气吗？在原则面前，他的性格永远是板硬、板

---

① 彭霖山：《将军农民甘祖昌》，南昌：江西人民出版社2013年版，第59页。
② 彭霖山：《将军农民甘祖昌》，南昌：江西人民出版社2013年版，第150页。

硬,甚至被人误会为不通情理。其实,作为一个有着几十年党龄的老干部,也正是他难能可贵的一面!襟怀坦白,忠诚积极,处处顾全大局,以党的利益为第一生命,以个人利益服从革命利益。几十年如一日,他就是这样一步一步走过来的……""越是自己身边的亲人,你爸爸越是要求严格,坚持原则,不讲情面。"①龚全珍对女儿说的一番话,进一步诠释了甘祖昌同志一生为党的崇高品质。

一生为党体现了甘祖昌同志的党性修养,也是共产党人必须具备的优秀品格。党性是马克思主义党的学说中的一个重要概念,是马克思主义政党党员干部立身、立业、立言、立德的基石。然而,党性并不是先在的,也不是永恒的。刘少奇同志曾指出:"由一个幼稚的革命者,变成一个成熟的、老练的、能够'运用自如'地掌握革命规律的革命家,要经过一个很长的革命的锻炼和修养的过程,一个长期改造的过程。"②"在个人利益和党的利益不一致的时候,能够毫不踌躇、毫不勉强地服从党的利益,牺牲个人利益。为了党的、无产阶级的民族解放和人类解放的事业,能够毫不犹豫地牺牲个人利益,甚至牺牲自己的生命"是共产党员党性的主要表现,并且提出这种表现是"共产主义道德的最高表现,就是无产阶级政党原则性的最高表现,就是无产阶级意识纯洁的最高表现"。③毛泽东同志还主张,"只要他服从党纲、党章、党的决议,在这个大原则下",党员可以是各种各样的。④甘祖昌同志始终坚持加强自身的党性修养,把对党忠诚、为党分忧、为党尽职、为民造福作为根本政治担当,永葆共产党人政治本色。正如甘祖昌同志曾说的:"我甘祖昌毕竟是农家子弟出身,什么苦没吃过?比起长征路上宿草地,延安时期住窑洞,这点小困难算个啥?人啊,就是不要把自己看得太娇贵了,如果一

---

① 彭霖山:《将军农民甘祖昌》,南昌:江西人民出版社2013年版,第139-140页。
②《刘少奇选集》上册,北京:人民出版社1981年版,第98-99页。
③《刘少奇选集》上册,北京:人民出版社1981年版,第131页。
④《毛泽东文集》第三卷,北京:人民出版社1996年版,第415-416页。

味养尊处优,就会蜕化变质啊!"甘祖昌同志还说过:"干革命工作嘛,必定会遭遇不少困难,犯错误也是难免的。关键问题是犯了错误以后,面对上级的批评和群众的意见,你是虚怀若谷,虚心接受,正确对待,认真改正,还是小肚鸡肠,狭隘思想,闹情绪,不服气?这是考验一个共产党员能否正确对待批评和自我批评的试金石!"①

四、一心为民

"一心为民"是甘祖昌精神的本质所在和价值取向,集中体现了马克思主义的价值追求和中国共产党的精神品质。中国共产党人从不是口头上的爱国主义者,实现共产主义远大理想任何时候都离不开人民群众磅礴力量的支撑,需要党依靠人民群众、带领人民群众一代又一代接续奋斗。唯物史观告诉我们,人民是历史的创造者,是决定党和国家前途命运的根本力量。人民立场是中国共产党的根本政治立场,全心全意为人民服务是中国共产党的根本宗旨,是马克思主义政党区别于其他政党的显著标志。所谓"一心为民",也就是我们常说的"为人民服务""一切为了人民""一切为了解放全人类而奋斗",这既是马克思主义的内在价值追求,也是中国共产党的精神传承和高贵品质。回顾甘祖昌同志的一生,他不怕苦、不怕死,不为名、不为利,完全彻底地为人民服务。正如甘祖昌同志所说的,"宁可我们吃苦一万遍,也不能让群众万一出问题"。②"心中有了大目标,泰山压顶不弯腰。要摘玫瑰不怕刺,要干革命不怕死。为劳苦大众求解放,我甘祖昌随时可以献出一切。"③可以说,甘祖昌精神树立起了全心全意为人民服务的精神标杆。

---

① 彭霖山:《将军农民甘祖昌》,南昌:江西人民出版社2013年版,第93页。
② 彭霖山:《将军农民甘祖昌》,南昌:江西人民出版社2013年版,第171页。
③ 彭霖山:《将军农民甘祖昌》,南昌:江西人民出版社2013年版,第9页。

第三章
甘祖昌精神的科学内涵

甘祖昌精神充分体现了马克思主义的价值追求。马克思主义理论是人民的理论。"马克思主义博大精深，归根到底就是一句话，为人类求解放。"马克思不仅创立了人民的理论，还为之进行了不懈奋斗。1835年，17岁的马克思在他的高中毕业作文《青年在选择职业时的考虑》中以铿锵有力、感人肺腑的语言表达了他的崇高理想。他这样写道："历史承认那些为共同目标劳动因而自己变得高尚的人是伟大人物；经验赞扬那些为大多数人带来幸福的人是最幸福的人。""如果我们选择了最能为人类而工作的职业，那么，重担就不能把我们压倒，因为这是为大家做出的牺牲；那时我们所享受的就不是可怜的、有限的、自私的乐趣，我们的幸福将属于千百万人，我们的事业将悄然无声地存在下去，但是它会永远发挥作用，而面对我们的骨灰，高尚的人们将洒下热泪。"① 可以说，马克思一生饱尝颠沛流离的艰辛、贫病交加的煎熬，但他初心不改、矢志不渝，为人类解放的崇高理想而不懈奋斗，成就了伟大人生。习近平总书记在马克思诞辰200周年纪念大会上高度评价："马克思的一生，是胸怀崇高理想、为人类解放不懈奋斗的一生。"② 在革命战争年代和社会主义革命和建设时期，像甘祖昌同志一样的中国共产党人高度认同马克思主义，始终坚持一心为民，真正把人民利益置于心中最高位置，并为成立新中国、解放全人类而不懈奋斗。

甘祖昌精神充分体现了中国共产党一心为民的精神品质。我们党来自人民，植根人民，服务人民，党的根基在人民，血脉在人民，力量在人民。人民群众是我们党的力量源泉，人民立场是中国共产党的根本立场。历史反复证明，人民群众是历史发展和社会进步的主体力量。毛泽东同志曾指出："人民，只有人民，才是创造世界历史的动力。"③ 正是在这一思想认识的基础上，1944年9月，毛泽东同志在张思德同志追悼会上做了题为"为人民服务"的演讲，讲述为人民服务的道理，号召全党学习张思德同志完全彻底

---

① 《马克思恩格斯全集》第一卷，北京：人民出版社1995年版，第459-460页。
② 习近平：《在纪念马克思诞辰200周年大会上的讲话》，北京：人民出版社2018年版，第3页。
③ 《毛泽东选集》第3卷，北京：人民出版社1991年版，第1031页。

为人民服务的精神。毛泽东同志一再指出："我们一切工作干部，不论职位高低，都是人民的勤务员，我们所做的一切，都是为人民服务。"①此后，中国共产党人明确把全心全意为人民服务作为党的根本宗旨。全心全意为人民服务，是中国共产党一切行动的根本出发点和落脚点，是中国共产党区别于其他一切政党的根本标志。这就要求，任何时候，党都要把群众利益放在第一位，不允许任何党员脱离群众。为此，以毛泽东同志为主要代表的中国共产党人逐渐确立了"一切为了人民，一切依靠人民，从群众中来，到群众中去"的群众路线，使党的根本宗旨转化为具体可行的工作路线，并为每一名合格的共产党员所坚持。周恩来同志曾指出："我们是从人民中来的，我们过去的胜利都是在人民的支援下取得的，不能忘本。"②"脱离我们的基本阶级群众，就会丧失党的基础。"③作为一名优秀的共产党员，一心为民是甘祖昌同志的不懈追求，他把为人民服务作为人生的最大追求，把实现最广大人民的根本利益作为工作的最终目的。甘祖昌同志无论是革命战争年代，还是回乡以后，都始终把群众的冷暖记挂在心头，急他们之所急，想他们之所想，忧他们之所忧。他曾说："这样好的人民值得我们为他们的翻身解放流血，更值得我们为他们的幸福流汗。为了他们我愿意献出自己的一切。"④甘祖昌同志之所以深受人民群众爱戴，根本原因就在于他始终与老百姓心相连、情相依，同呼吸、共命运。可以说，一心为民体现在甘祖昌同志的日常行为之中，也是甘祖昌精神的集中体现和鲜明特色。

"抽烟入伍"

入乡随俗，不搞特殊，贯穿在甘祖昌同志的日常生活之中。"抽烟入

---

① 《毛泽东文集》第3卷，北京：人民出版社1996年版，第243页。
② 《周恩来选集》下卷，北京：人民出版社1984年版，第279页。
③ 《周恩来选集》下卷，北京：人民出版社1984年版，第314页。
④ 新疆军区：《一代风范——将军农民甘祖昌》，乌鲁木齐：新疆大学出版社2002年版，第4页。

伍"的故事就是鲜活的案例。

原先在部队，甘祖昌抽的是香烟。为了避免浪费烟蒂，他习惯将香烟装在小烟斗里抽。这小烟斗随时可装在口袋里，十分方便。回乡以后，小烟斗他照样带在身边，和大伙一起干活累了，或平常在一起聊天时，就从口袋里掏出这烟斗来抽几口。这姿势蛮潇洒，还颇浪漫。有一次，"老牛筋"看见了，开起了玩笑："祖昌老庚啊，你这身穿着打扮活像我们种田人，可惜就是手中这个烟斗有点不适合这身份！"

言者无心，听者有意。虽然是句玩笑话，但甘祖昌给这一点拨，顿时打了个激灵：可不，当农民就得要处处像个农民的样子，一点距离也不能拉开。既然乡亲们都能抽生烟，为啥自己不能抽呢？这不也是"特殊化"吗？何况，抽生烟硬是比抽香烟要节约得多哩！

怎么才能和群众生活合拍？第二天，甘祖昌就从山上砍来几根老竹鞭，从中挑选了一根坚韧的做成了旱烟管，又花了几角钱买了一个铁皮烟盒，再从圩场上买来了一大把晒得焦干的生烟，卷成了一个圈，切得细细的，先装满了烟盒，余下的用油纸包起来。

几天以后，当甘祖昌握着旱烟管出现在群众之中时，人们问道："大伯，你怎么把小烟斗扔了，改抽生烟了？"甘祖昌笑眯眯地点着头："既然成天和乡亲们在一块，抽烟当然也得要入伍！"

"抽烟入伍？""老牛筋"给这号说法逗笑了，摇着手急忙劝阻，"不能强求，不能强求，这生烟又苦又辣，你抽不惯的！"

甘祖昌则摇摇头，笑着说："不辣不革命嘛，不苦又怎能成材？至于抽得惯抽不惯的问题，还是一句老话：习惯成自然。"后来为了解决生烟的来源问题，甘祖昌又自己开荒种了一片生烟，自力更生，自给自足，美其名曰"节资增收"。

——摘编自彭霖山：《将军农民甘祖昌》，江西人民出版社2013年版

甘祖昌精神

甘祖昌同志把群众观点、群众路线植根在自己的思想中，落实在行动上，始终与老百姓心连心、情相依。甘祖昌是从劳动人民中成长起来的将军，对人民群众有深厚的感情，始终没有脱离群众，保持着劳动人民的本色，毕生实践了党全心全意为人民服务的宗旨。在大革命时期，他非常同情穷苦老百姓的境遇，对土豪劣绅恨之入骨，组织了许多打土豪接济穷人的革命行动。在新疆军区任后勤部长期间，他发现军区有数万名年龄偏大的军人一直打着光棍，就向司令员王震出谋献策，从老区招募那些在战争中失去丈夫的妇女进疆，并从中撮合。这一举解决了参加屯垦戍边的20万名指战员的婚姻大事。回乡后，甘祖昌同志坚持把群众的冷暖记挂在心头，急他们之所急，想他们之所想，忧他们之所忧，扶弱帮穷，救急助人，不断为群众排忧解难。他无私地帮助乡亲们，群众说他："爱民如子，慷慨大方！"① 有一次，甘祖昌同志帮助一位名叫刘生才的乡邻，感动得刘生才涕泪交流地说："甘将军……你……又……不认得我……一无亲……二无故……萍水相逢……素无瓜葛……我怎能……接受……您老……恩赐。"甘祖昌同志却说："种田人莫说文绉绉的客气话了，你我虽说不是同一个村的，但毕竟同一个乡。就即便不是同乡人，哪怕是来自天涯海角，也是炎黄子孙、龙的传人。相逢何必曾相识，一方有难，自有八方支援，这也是我们中华民族的传统美德。"②

甘祖昌回乡后一直和两个弟弟的家合住在一起，后来，孩子们长大了，有的谈了对象要结婚，没房子咋办？

甘祖昌决定建房，于是就因陋就简盖起了自己的住房。

然而，甘祖昌的新房子和普通村民的住房毫无区别。省民政厅的一位领导不无遗憾地问道："甘部长，您怎么不把房子盖好一点？"

甘祖昌淡然一笑："可不，盖座小洋楼，倒是挺舒服。但这不是我的追

---

① 彭霖山：《将军农民甘祖昌》，南昌：江西人民出版社2013年版，第187页。
② 彭霖山：《将军农民甘祖昌》，南昌：江西人民出版社2013年版，第187页。

求。如果说是为图舒服、讲享受,我就没必要解甲归田了。现在既然回到农村,当了普通农民,那么在衣、食、住、行方面都要和农民一个样,绝不能超越出格。当然,我的房子倘若要盖好一点,也无可非议,反正是自己出钱,可日长月久,和大伙的感情就会疏远,慢慢会脱离群众。"

甘祖昌还说:"我们家乡有句老古话'富了莫跷脚',说的就是这个道理。"

——摘编自彭霖山:《将军农民甘祖昌》,江西人民出版社2013年版,第149-151页

作为一名共产党员,他时刻以普通群众的身份出现,从不以功臣自居,为人民谋福利,鞠躬尽瘁,死而后已。甘祖昌同志"生产劳动、生活安排,尽量和群众一样,从不搞特殊",并将此一直贯穿在家庭的日常事务中。他"给自己约法三章,衣、食、住、行都要和普通村民一样,不图安逸,不讲排场,时时、事事、处处严格要求自己"。[①]甘祖昌同志自己曾说:"要保持永远和群众打成一片,就得群众住什么样的房子,我甘祖昌也住什么样的房子,绝不能有半点特殊化。"[②]甘祖昌同志解甲归田之后,将自己一大半的工资用于村里的公益事业,帮助集体兴修水利、购买化肥、添置农业机械、解决群众生活困难等,赢得了当地群众的拥护和支持。回乡29年,甘祖昌同志坚持从人民群众最关心、最直接、最现实的利益问题入手,深入条件艰苦、矛盾集中、困难突出的地方,尽力办顺民意、解民忧、增民利的实事好事。他和乡亲们一道,用辛勤的汗水修建了3座水库、4座电站、3条公路、12座桥梁,25公里长的渠道。回家后,他每月330元的工资几乎全部贡献给了人民,用个人的工资修电站、建学校、办企业、救济贫困户。仅乡政府有据可查的,就达85783元之多,占他同期工资总数的70%以上。直至生命最后一刻,他还是不忘人民。弥留之际,交代老

---

① 甘仁荣:《父亲甘祖昌》,南昌:江西教育出版社2019年版,第58页。
② 甘仁荣:《父亲甘祖昌》,南昌:江西教育出版社2019年版,第62页。

伴："领了工资，买化肥农药，送给……贫困户……支持农业建设……我不要房子，不要盖房子……"①这成了甘祖昌同志留给世间的最后声音，集中体现了他为党和人民事业鞠躬尽瘁、死而后已的奉献精神，也充分体现了党和人民的鱼水深情。

甘祖昌同志永葆一心为民的公仆本色，密切联系群众，关心群众疾苦，切实帮助群众解决实际困难，把群众当成自己的亲人，努力当好群众的贴心人。在甘祖昌同志身上，我们始终看到的是一个老党员、老红军全心全意为人民服务的精神，一心一意为人民谋福利的情怀。正如毛泽东同志所指出的，"共产党就是要奋斗，就是要全心全意为人民服务，不要半心半意或者三分之二的心三分之二的意为人民服务"。②甘祖昌同志的一生，主动担当、善于作为；甘祖昌同志的一生，始终与群众心连心；甘祖昌同志的一生，只争朝夕、夙夜在公。从这个意义上来说，一心为民是甘祖昌精神的重要内涵。

五、信念坚定

革命理想高于天。理想信念是中国共产党人的政治灵魂，也是甘祖昌精神的内核，集中体现了马克思主义的立场、观点和方法。中国共产党能够历经挫折而不断奋起，历尽苦难而淬火成钢，归根到底在于千千万万中国共产党人心中的远大理想和革命信念始终坚定执着，始终闪耀着火热的光芒。③共产党人的理想信念是什么？习近平总书记曾指出："对马克思主

---

① 新疆军区：《一代风范——将军农民甘祖昌》，乌鲁木齐：新疆大学出版社2002年版，第5页。
② 《毛泽东文集》第七卷，北京：人民出版社1999年版，第285页。
③ 习近平：《在纪念周恩来同志诞辰120周年座谈会上的讲话》，北京：人民出版社2018年版，第10页。

义的信仰,对社会主义和共产主义的信念,是共产党人的政治灵魂,是共产党人经受住任何考验的精神支柱。"①他还指出:"我们共产党人的根本,就是对马克思主义的信仰,对共产主义和社会主义的信念,对党和人民的忠诚。"②这份信仰、这份信念、这份忠诚,培育了一代代革命者的红色基因,绘就了共产党人的精神底色,也在甘祖昌身上体现得淋漓尽致,融入甘祖昌精神之中。可以说,坚定的理想信念是甘祖昌精神的核心要素。

"心中有信仰,脚下有力量。"③马克思主义的灯塔指引历史的航向。理想信念是世界观、人生观、价值观在奋斗目标上的集中体现。支撑共产党人一路前行的,就是内心深处对共产主义事业的崇高理想、对国家和民族的责任与担当。中国共产党从诞生之日起就把马克思主义写在自己的旗帜上,把实现共产主义确立为最高理想。然而,这个最高理想是需要一代又一代人接力奋斗的。今天回过头来看,中国共产党之所以能够历经挫折而不断奋起,历尽苦难而淬火成钢,归根到底就在于千千万万中国共产党人心中的远大理想和革命信念始终坚定执着,始终闪耀着火热的光芒。坚定理想信念,坚守共产党人精神追求,始终是共产党人安身立命的根本。有了坚定的理想信念,站位就高了,眼界就宽了,心胸就开阔了,就能坚持正确政治方向,在胜利和顺境时不骄傲不急躁,在困难和逆境时不消沉不动摇,经受住各种风险和困难考验,自觉抵制各种腐朽思想的侵蚀,永葆共产党人政治本色。邓小平同志曾指出:"我们过去几十年艰苦奋斗,就是靠用坚定的信念把人民团结起来,为人民自己的利益而奋斗。"④任何一名在党旗下宣过誓的共产党员都必须铭记,为了理想信念,就应该去拼搏、去奋斗、去献出全部精力乃至生命。甘祖昌同志就是这样一名共产党人。

甘祖昌同志理想信念的形成,与毛泽东同志、方志敏同志等人密切相

---

① 《习近平谈治国理政》,北京:外文出版社2014年版,第15页。
② 《习近平谈治国理政》第二卷,北京:外文出版社2017年版,第326页。
③ 《习近平谈治国理政》第二卷,北京:外文出版社2017年版,第49页。
④ 《邓小平文选》第三卷,北京:人民出版社1993年版,第190页。

关，与对马克思主义的理论认知高度相关。在井冈山革命根据地创建过程中，1927年秋季，甘祖昌同志就被派往井冈山红四军训练班学习。毛泽东同志在八角楼接见了他，亲切地询问了莲花县武装斗争的情况，并说："参加革命了，要不断学习，这一次办干部训练班，就是为了提高干部的马列主义水平的。可是敌人不让我们学，又要来捣乱了。……你回去对县委说，要组织好红色独立团、赤卫队、先锋队，狠狠打击来犯的敌人，你们在下面抓住了敌人的手脚，就是为红色根据地立了大功，出了大力！"①这番话，使甘祖昌同志心明眼亮、终生难忘。1927年7月，省农民协会负责人方志敏同志来到莲花，在坊楼召开群众大会，宣传革命道理。会后，甘祖昌同志主动找到方志敏同志，请教问题。方志敏同志向他进一步阐明了农民贫穷的真正原因，从而使他对中国革命有了初步认识。1927年8月24日，甘祖昌同志秘密参加了中国共产党。甘祖昌同志从入党之日起，就牢固树立起崇高的理想信仰，并为之进行了不懈奋斗，充分体现了马克思主义理论与实践统一的本质特征。

衡量一名共产党员是否具有坚定的理想信念，是有客观标准的。革命战争年代，检验一个干部理想信念坚定不坚定，就看他能不能为党和人民事业舍生忘死，能不能冲锋号一响立即冲上去。②革命战争年代，甘祖昌同志铁心跟着党的队伍走，党旗指到哪里就打到哪里，抛头颅洒热血无所畏惧。和平建设时期，因病三次申请自愿回乡当农民，扎根农村艰苦创业，纵然千辛万苦也无怨无悔。他曾说："如果你对前途有了正确的认识，当你在生产或工作中取得了一点微小的成就的时候，你就会感到在农村参加生产或工作，同样能对党的事业做出重大的贡献，你就会自觉地感到农村的前途是远大的，农村是有出息的。"③可以说，甘祖昌同志的理想信念是经

---

① 甘仁荣：《父亲甘祖昌》，南昌：江西教育出版社2019年版，第136页。
② 中共中央宣传部：《习近平新时代中国特色社会主义思想学习纲要》，北京：学习出版社、人民出版社2019年版，第229页。
③ 甘仁荣：《父亲甘祖昌》，南昌：江西教育出版社2019年版，第41页。

过长期检验的,不是一下子、一两件事、几句口号,而是一辈子的坚守,真正做到了虔诚而执着、至信而深厚。从甘祖昌同志的身上,我们可以深切地感受到:信仰是有力量的,可以扎根。这个"根",就是看待世界、看待人生、看待未来的终极信念,是一个人为谁活着、怎样活着的精神支撑,是对马克思主义、对共产主义事业虔诚的信奉、忠诚的敬仰和坚定的守护。信仰是有能量的,可以倍增。信仰的能量似铜墙铁壁、如排山倒海,是一种无形的品牌,而不是有形的标签;是刻在灵魂的烙印,而不是写在纸上的表白,始终是共产党人安身立命的根本所在。信仰是有热量的,可以传递。甘祖昌同志心中始终坚信,忠诚于党就是要为党分忧、为国着想、为民尽责。正因为这种朴素感情内化成了一种精神支柱、一种道德操守、一种行为准则,他的信念才如此坚定、内心才如此淡泊、步伐才如此稳健。

在中国共产党的历史中,无数共产党人不惜流血牺牲,靠的就是这种信仰,为的就是这个理想。尽管他们也知道,自己追求的理想并不会在自己手中实现,但他们坚信,一代又一代人为之持续努力,一代又一代人为此做出牺牲,崇高的理想就一定能实现。①习近平总书记把共产主义理想信念与忠诚的共产党员统一起来:"共产主义绝不是'土豆烧牛肉'那么简单,不可能唾手可得、一蹴而就,但我们不能因为实现共产主义理想是一个漫长的过程,就认为那是虚无缥缈的海市蜃楼,就不去做一个忠诚的共产党员。"②纵观中国共产党的百年奋斗史,一代又一代中国共产党人为了理想信念,去拼搏、去奋斗、去献出自己的全部精力乃至生命,书写了百年大党的传奇。

崇高信仰、坚定信念不会自发产生。习近平总书记指出:理想信念是共产党人精神上的"钙"。坚定的信仰始终是党员、干部站稳政治立场、抵御各种诱惑的决定性因素。习近平总书记反复强调,"没有理想信念,

---

① 中共中央宣传部:《习近平新时代中国特色社会主义思想学习纲要》,北京:学习出版社、人民出版社2019年版,第228页。
② 习近平:《做焦裕禄式的县委书记》,北京:中央文献出版社2015年版,第5页。

或理想信念不坚定,精神上就会'缺钙',就会得'软骨病'","就可能导致政治上变质、经济上贪婪、道德上堕落、生活上腐化"。"要炼就'金刚不坏之身',必须用科学理论武装头脑,不断培植我们的精神家园。"①甘祖昌同志就特别注重对马克思主义理论的研读和学习,始终坚持把系统掌握马克思主义基本理论作为看家本领,致力于把理想信念建立在对科学理论的理性认同上,建立在对历史规律的正确认识上,建立在对基本国情的准确把握上。可以说,经过长期坚持不懈的学习,甘祖昌同志始终能够坚持运用马克思主义立场观点方法观察和解决问题,不断筑牢理想信念,让理想信念的明灯永远在心中闪亮。对马克思主义者来说,信仰更要时时加固,要与时俱进。年久失修的房子是会倒塌的。加固信仰的最重要一条,就是要不断地结合实际学习马克思主义理论,学习发展着的马克思主义并不断把它内化为自己的信念。只有在新时代面临的新问题中,不断夯实马克思主义基本原理的基础,才能真正炼就不坏的金刚之身,牢固树立道路自信、理论自信、制度自信、文化自信,做到知行合一、言行一致,用自己的实际行动坚持和发展中国特色社会主义,为实现共产主义远大理想而努力奋斗。

六、实事求是

实事求是是我们党的思想路线的核心内容,也是甘祖昌精神的灵魂。我们党是靠实事求是起家和兴旺发展起来的。坚持实事求是,就是坚持一切从实际出发来研究和解决问题,坚持理论联系实际来制定和形成指导实践发展的正确路线方针政策,坚持在实践中检验真理和发展真理。在甘祖

---

① 《习近平关于协调推进"四个全面"战略布局论述摘编》,北京:中央文献出版社2015年版,第131页。

昌同志看来，实事求是既是一种科学精神，也是一种工作作风，还是一种人生态度。今天回过头来看，甘祖昌精神在形成、发展和演化中，实事求是作为一条红线贯穿其中，既是甘祖昌精神形成的思想理论基础，也成为甘祖昌精神科学内涵的题中之义，具有特殊重要的地位。

如何理解实事求是？实事求是，是马克思主义的根本观点，是中国共产党人认识世界、改造世界的根本要求，是我们党的基本思想方法、工作方法、领导方法。毛泽东同志说："'实事'就是客观存在着的一切事物，'是'就是客观事物的内部联系，即规律性，'求'就是我们去研究。"①毛泽东同志还把实事求是形象地比喻为"有的放矢"。我们要坚持用马克思主义的"矢"去射中国革命、建设、改革的"的"。实事求是不是随波逐流、屈从现实的保守主义，也不是蛮干瞎闯、无视现实的冒险主义，而是马克思主义哲学世界观方法论的准确概括。它科学地解决了"什么是实际""如何从实际出发""如何最大限度地发挥主观能动性去开创历史活动新局面"等根本性问题。②可以说，一部党的奋斗史就是一部实事求是思想路线的发展史。历史经验表明，只要坚持实事求是，我们党就能够形成符合客观实际、体现发展规律、顺应人民意愿的正确路线方针政策，党和人民的事业就能够不断取得胜利；反之，离开了实事求是，党和人民的事业就会受到损失甚至遭受严重挫折。邓小平同志曾指出："实事求是，是无产阶级世界观的基础，是马克思主义的思想基础。过去我们搞革命所取得的一切胜利，是靠实事求是；现在我们要实现四个现代化，同样要靠实事求是。"③习近平总书记也指出，我们党是靠实事求是起家和兴旺发展起来的。不论过去、现在和将来，我们都要坚持一切从实际出发，理论联系实际，在实践中检验真理和发展真理。④

---

① 《毛泽东选集》第三卷．北京：人民出版社1991年版，第801页。
② 侯惠勤：《实事求是创造新的历史伟业的思想保证》，《马克思主义研究》2019年第10期。
③ 《邓小平文选》第二卷．北京：人民出版社1994年版，第143页。
④ 《习近平谈治国理政》．北京：外文出版社2014年版，第25页。

甘祖昌同志始终坚持把实事求是原则贯穿到各项工作中去，努力把真实情况掌握得更多一些、把客观规律认识得更透一些，按照客观实际做工作、办事情，并积淀成为甘祖昌精神的科学内涵。习近平总书记曾指出："领导干部一定要求真务实，大力弘扬我们党优良的思想作风和工作作风，讲老实话、办老实事、做老实人……既要在'求真'上下功夫，更要在'务实'上做文章，尤其是要做到讲实情、出实招、办实事、求实效。"①甘祖昌同志就是坚持求真务实工作作风的典范。1959年深秋，甘祖昌同志就曾对县里来的检查组说："办任何事情，自己都得要有主心骨，都得要从实际出发。实事求是，说真话，办实事，这才是一个共产党员应有的品质。"②在甘祖昌同志看来，"事关群众利益大局，人命关天，我不能不挺身而出来说话！至于如何总结工作，建议还是在'实事求是'这四个字上做文章"！③坚持实事求是，就要深入实际了解事物的本来面貌。要透过现象看本质，从零乱的现象中发现事物内部存在的必然联系，从客观事物存在和发展的规律出发，在实践中按照客观规律办事。坚持实事求是，还有一个重要的要求就是敢于讲真话、讲实话，就要坚持为了人民利益坚持真理、修正错误。因此，要有光明磊落、无私无畏、以事实为依据、敢于说出事实真相的勇气和正气，及时发现和纠正思想认识上的偏差、决策中的失误、工作中的缺点，及时发现和解决存在的各种矛盾和问题，使我们的思想和行动更加符合客观规律、符合时代要求、符合人民愿望。

坚持实事求是不是一劳永逸的，在一个时间一个地点做到了实事求是，并不等于在另外的时间另外的地点也能做到实事求是，在一个时间一个地点坚持实事求是得出的结论、取得的经验，并不等于在变化了的另外的时间另外的地点也能够适用。甘祖昌同志在长期的革命实践中，早已经把实事求是融入自己的血液之中，时时处处把实事求是牢记于心、付之于行。

---

① 习近平：《坚持实事求是的思想路线》，《学习时报》2012年5月28日。
② 彭霖山：《将军农民甘祖昌》，南昌：江西人民出版社2013年版，第103页。
③ 彭霖山：《将军农民甘祖昌》，南昌：江西人民出版社2013年版，第104页。

为此，他把调查研究作为一项重要的工作方法。调查研究，是对客观实际情况的调查了解和分析研究，目的是把事情的真相和全貌调查清楚，把问题的本质和规律把握准确，把解决问题的思路和对策研究透彻。甘祖昌同志就十分重视并经常深入实际、深入基层、深入群众开展调查研究。甘仁荣回忆说："回到老家后，父亲在基层经常进行调查研究，靠双脚走遍了莲花县的山山水水，每个村庄的人员结构、养殖业情况、农作物种植、粮食产量等他都摸得清清楚楚，并有详细记载。"①甘祖昌同志正是通过调查研究来了解群众的需求、愿望和创造精神、实践经验，通过调查研究来认识客观世界、改造主观世界、转变工作作风、增进同人民群众的感情。这就意味着，要做到实事求是，不仅要有正确的思想方法和工作方法，还必须有公而忘私和不计个人得失的品格。而这恰恰是甘祖昌精神所蕴含的重要含义。

1962年洋桥公社概况

1962年，洋桥公社实收粮食3258000斤，大队14个，生产小队85个。1963年粮食情况：不要回供粮19个，要回供粮的66个。内有长丰二队完成征粮13462斤，全年总产收16708斤，种子1528斤，饲料3620斤，三留共需30348斤，尚少13460斤。全队人口70名，每人360斤，共25200斤。

——资料来源：甘仁荣，《父亲甘祖昌》，江西教育出版社2019年版，第180页

调查研究是从实际出发的中心一环，也是甘祖昌精神中具有方法论意义的重要内容。重视调查研究，是我们党做好领导工作的重要传家宝。习

---

① 甘仁荣：《父亲甘祖昌》，南昌：江西教育出版社2019年版，第112页。

近平总书记曾指出："调查研究是谋事之基、成事之道。没有调查，就没有发言权，更没有决策权。"①研究问题、制定政策、推进工作，刻舟求剑不行，闭门造车不行，异想天开更不行，必须进行全面深入的调查研究，不断增强看问题的眼力、谋事情的脑力、察民情的听力、走基层的脚力。甘祖昌同志十分重视调查研究，经常深入群众、深入一线开展调查研究。他在调查研究中始终坚持实事求是的原则，做深入系统而不是粗枝大叶的调查研究，使思想、行动、决策符合客观实际。甘祖昌同志之所以能够率人在敌人眼皮底下夺军火，其中一个重要的原因就是他在行动之前化装成当地老百姓进行了详细侦察、摸清了情况；之所以在"银圆大战"中显神威，与甘祖昌同志对新疆当时的复杂局势、市场状况、民生实际等方面的深入调查研究是分不开的，他从实际出发起草了"银圆之战"方案并经过了新疆军区财经委员会的许可。

甘祖昌同志坚持求真务实的作风，具有坚持追求真理、修正错误的勇气，从客观实际出发，坚持结论产生在调查研究之后，建立在科学论证的基础上。对调查了解到的真实情况和各种问题，坚持有一是一、有二是二，既报喜又报忧，不唯上、不唯书、只唯实。甘祖昌同志曾说："事事要讲科学，但科学的东西来不得半点虚假啊！"那种"不尊重科学，光晓得搞形式主义的瞎指挥作风"一害国家，二害人民。②甘祖昌回到家乡后，并没有胡子眉毛一把抓，而是深入基层和一线调研，有选择、有重点地从群众最关心最急需解决的事抓起。比如要提高粮食产量，"望天田"的"旱"怎么解决？"冬水田"的"涝"怎么解决？又比如群众出行的路桥怎么建设？红壤土怎么改良？这些都是涉及群众的根本生产生活所需解决的问题，他就从解决这些问题抓起，筑水库、修水渠、改良红壤土、改造冬水田，确保了全公社几千亩水田旱涝保收，提高了粮食产量，逐步解决了温饱问题。

---

① 《习近平关于全面深化改革论述摘编》，北京：中央文献出版社2014年版，第37-38页。
② 彭霖山：《将军农民甘祖昌》，南昌：江西人民出版社2013年版，第79页。

调查研究之所以重要，从根本上说，是因为人民群众的社会实践是获得正确认识的源泉，也是检验和深化认识的根本所在。坚持实事求是就必须重视调查研究。只有尊重客观规律，深入调查研究，才能真正做到一切从实际出发、理论联系实际、实事求是，真正保持党同人民群众的密切联系，也才能从根本上保证党的路线方针政策的正确制定与贯彻执行，保证我们在工作中尽可能防止和减少失误，即使发生了失误也能迅速得到纠正而又继续胜利前进。从这个意义上说，要力避"经典路线""景点路线"，实事求是、求真务实搞调研，不断提高调查研究实效。

第四章
甘祖昌精神的历史地位和当代价值

全面阐释甘祖昌精神的历史地位和时代意义，是完整而准确地认识和把握甘祖昌精神的内在要求。这是因为，回答"什么是甘祖昌精神"之后，必须回答的问题就是"甘祖昌精神有何价值和意义""怎样对待甘祖昌精神"。前者属于本体论范畴，后者属于价值论、实践论范畴。今天回过头来看，甘祖昌精神就是中国共产党带领人民进行伟大社会革命的进程中形成的中国精神谱系中的重要精神样态和宝贵精神财富，具有永不褪色的价值。中国特色社会主义进入新时代，全面建成社会主义现代化强国，实现中华民族伟大复兴的中国梦，必须获得中国精神的强力支撑。由此，我们需要从历史和现实两个层面来认识甘祖昌精神，明确其历史地位及其时代价值。

★ 甘祖昌精神

一、甘祖昌精神的历史地位

在准确阐释甘祖昌精神的科学内涵的基础上认识和把握甘祖昌精神的历史地位，是一项绕不开的课题。甘祖昌精神是在特定历史时期和特殊的历史环境下形成的精神样态，集中体现了中国共产党人的政治觉悟、意志品质、思想道德和工作作风等，已经成为中国共产党革命精神的重要组成，也是中国精神的有机构成，在推动党领导的伟大社会革命实践中发挥了重要作用。

（一）甘祖昌精神是中国精神谱系中的重要精神样态和组成部分

甘祖昌精神是中国精神在特定历史时期的具体表现和存在样态。中国精神是区分中国和其他国家的文化标识和精神符号，是民族精神与时代精神的汇流，在中国社会历史演进中不断丰富和发展。关于中国精神的研究路向，有学者进行了归纳和概括，主要有：从弘扬中华优秀传统文化基本精神的角度理解和阐释"中国精神"；从中国特色社会主义道路的实践角度理解和阐释"中国精神"；从马克思主义中国化的基本精神角度理解和阐释"中国精神"。中国精神是整个中华民族文化性、实践性、价值性、信仰性的精神存在，是中华民族面向世界、走向未来实现民族复兴的精神力量。[①]唯物史观认为，人民群众创造了社会的物质财富，也创造了精神财富，是实践的主体，是历史的创造者。从这个意义上来说，人民群众是中国精神生成与发展的必然主体。甘祖昌同志既是优秀的共产党员，更是人民群众的优秀代表。以甘祖昌命名的甘祖昌精神就是中国人民在精神财富创造中

[①] 胡海波：《中国精神的实践本性与文化传统》，《哲学研究》2015年第12期。

第四章
甘祖昌精神的历史地位和当代价值

形成的一种精神文化样态，是中国精神发展演化中的必然产物。

精准把握中国精神是认识和把握甘祖昌精神的前提和基础。既然甘祖昌精神是中国精神谱系中的重要精神形态和组成部分，首先就要准确把握中国精神并加以论述。中国精神是一个博大精深的思想价值体系，包含思想观念、价值取向和社会心态等结构层次，是中国文化的精髓，也是中国社会赖以生存发展的核心和灵魂。马克思主义认为，中国精神受到国家政治、经济和文化状况的综合作用，在不同历史阶段呈现出不同的精神样态。① 然而，从根本上来说，以爱国主义为核心的民族精神和以改革创新为核心的时代精神，共同构成了伟大的中国精神。它不仅为个人的价值观念提供判断标准和衡量尺度，也为中国在国内外倡导核心价值观念指引了精神方向。② 更进一步地说，中国精神是我们继往开来、稳固根基的精神支撑，它积淀于中华民族五千多年的历史文明，是中国共产党人带领中国人民在实现民族独立、国家富强的历史进程中形成的，反映民族特色和时代特色的积极精神成果，是激励全体中华儿女实现中华民族伟大复兴的不竭精神动力。③ 在前进征程上，实现中华民族伟大复兴的中国梦，离不开中国精神支撑，更离不开中国精神的崛起。

在当代中国，各种样态的精神存在尽管都有其特殊的形成背景，其内涵也各不相同，但它们作为中国精神的具体表现形态，又都同实现中华民族伟大复兴的中国梦必然地联系在一起。这些在不同的时期或者不同历史使命中形成的中国精神，其表现形态虽有个性和特殊性，不同形态之间却具有共性和恒久性，都集中体现着中国共产党人的理想信仰、价值追求和精神风貌，标示着中国共产党对中国精神的继承、弘扬和发展。有学者通过对中国共产党成立以来的中国精神谱系研究，发现这一谱系在不同时期、不同领域的精神共性在于，以爱国主义为旗帜，以振兴民族为奋斗目标，

---

① 温静：《中国梦视阈下当代中国精神的形塑与建构》，《教学与研究》2018年第1期。
② 张瑜：《理解中国精神的三重维度》，《思想理论教育》2018年第12期。
③ 张瑜：《理解中国精神的三重维度》，《思想理论教育》2018年第12期。

以爱国奉献为追求，以历史担当为己任；其基本特征在于，传统与现实相结合，理论与实践相结合，长远目标与当前任务相结合，理想信念与艰苦奋斗相结合，党的领导与群众参与相结合。中国精神谱系在内容上随着时代的进步不断发展，在涉及的领域和类型上还将不断充实完善。①

甘祖昌精神既是中国精神的有机组成部分和具体形式，也是植根于中国精神的丰厚土壤之中而形成的，是推进伟大事业中形成的宝贵精神财富。甘祖昌精神是中国共产党带领人民进行伟大社会革命的进程中形成的中国精神谱系中的一种精神样态，也是中国精神历史性展开过程中具有承前启后意义的精神样态。马克思曾指出："环境的改变和人的活动或自我改变的一致，只能被看作是并合理地理解为革命的实践。"②历史地看，甘祖昌精神在生成过程中，既善于从中华优秀传统文化中汲取营养和智慧，延续文化基因，萃取思想精华，也善于不断地从新民主主义革命时期、社会主义革命和建设时期中形成的中国精神中汲取滋养，并在实践中进行融合，产生出新的精神样态。③从这个意义上说，甘祖昌精神就是中国精神的具体表现，展示了中国精神的历史传承方式和现实承载路径。同时，中国精神是由各个时代的文化精髓积淀而成的有机整体，是一个系统、完整、前后承接的宏大体系，是基于不同发展阶段而形成的相互贯通又有独特个性的精神体系；甘祖昌精神则是部分，同其他各种具体的精神样态一样，同属于中国精神，是中国精神谱系中的有机构成，既具有中国精神的一般特质，又具有其自身特有的规定性。需要指出的是，甘祖昌精神发扬了同一时期的中国精神，甚至直接参与到其他精神样态的生成之中，这就奠定了甘祖昌精神独特而重要的历史地位，使其成为推动中国精神由传统向现代转换的具体载体。

---

① 卢黎歌等：《试论中国精神谱系中的"西迁精神"及其教育价值》，《思想教育研究》2018年第3期。
② 《马克思恩格斯文集》第1卷，北京：人民出版社2009年版，第500页。
③ 王刚、李懋君：《长征精神》，北京：中共党史出版社2017年版，第196页。

（二）甘祖昌精神是中国共产党革命精神的重要组成

中国共产党革命精神是共产党人共有的精神家园。中国共产党的历史是一部党领导人民进行革命、建设和改革发展的奋斗史，也是革命精神不断凝练、弘扬与发展的历史。甘祖昌精神就是在这种过程中形成的精神形态，在中国共产党革命精神体系中具有独特性。也就是说，中国共产党革命精神是明确甘祖昌精神历史地位的前提和基础，甘祖昌精神就是在中国共产党革命精神形成和发展进程中形成的精神形态。也就是说，认识和把握甘祖昌精神的历史地位，必须将其同中国共产党对中国精神的丰富和发展紧密结合起来，也就是要将其摆在中国共产党革命精神史中去认识，在纵向历史比较中准确界定其历史方位和所处地位，清晰呈现中国共产党百年奋斗史形成的完整精神序列。

在中国共产党领导中国人民进行伟大社会革命的历史进程中，中国共产党革命精神是不断丰富和发展着的。中国共产党革命精神族谱里的每个具体的革命精神形态自成体系，它们各自有着自身产生的历史条件、时空背景，有着特定明确的内涵和鲜明的特征。在新民主主义革命时期，相继形成了红船精神、井冈山精神、苏区精神、长征精神、延安精神、抗战精神、红岩精神、西柏坡精神和革命英雄主义精神等；在社会主义革命与建设时期，相继形成了抗美援朝精神、大庆精神、红旗渠精神、两弹一星精神、雷锋精神、焦裕禄精神等；在改革开放新时期，相继形成了中国共产党培育的小岗精神、特区精神、女排精神、抗洪精神、载人航天精神、抗震救灾精神、奥运精神、劳模精神、抗疫精神等。今天回过头来看，中国共产党革命精神正是由一系列特殊时期精神形态所构成的精神之谱系，形成了具有普遍意义的精神宝库。有学者从学理层面将中国共产党革命精神的核心内涵凝练归纳为层层相扣、衔接紧密的四个最基本要素：革命理想高于天，坚定共产主义理想信念的革命精神；人民至上，全心全意为人民服务的无私奉献精神；实事求是，勇辟新路的求是创新精神；坚韧不拔，百折不挠，体现革命党人政治本色的艰苦奋斗精神。①这种学理阐释为我们认识和把握甘祖昌精神的科学内涵及其历史地位提供了重要条件。

甘祖昌精神的形成和发展，既是吮吸中国共产党革命精神的重要成果，也以其相对独立的精神形态丰富了中国共产党革命精神，激励和引导无数人为党领导人民进行的伟大事业而不懈奋斗。如何从中国共产党革命精神的维度来认识和把握甘祖昌精神，处理好整体和部分的关系，是一项重要课题。有学者指出："从结构形式来看，党的革命精神是一个由党的政治信仰、价值观和党的作风共同构成的圈层体系。其中，党的政治信仰是体系的内环，体现了革命精神的精神内核，党的价值观作为政治信仰的内化表现，构成体系的中间层，外环是党的形象和作风。"②甘祖昌精神内在地蕴含着这三个圈层的内容，坚守着党的政治信仰、遵循着党的价值追求、恪守着党的优良作风。

新时代弘扬甘祖昌精神具有时代价值，是肩负党的初心和使命的内在要求。中国共产党革命精神绵延厚重，过去是、现在是、将来仍然是我们党的宝贵精神财富。习近平总书记指出："不忘初心，牢记使命，就不要忘记我们是共产党人，我们是革命者，不要丧失了革命精神。"③也就是说，革命精神蕴含着共产党人的初心和使命。甘祖昌精神作为中国共产党革命精神的重要组成，就是我们坚持和弘扬中国共产党革命精神的重要内容。有人有事才有精神，见人见事才见精神。如果一种精神只停留在话语或词句表述层面，没有实践中的人或事做支撑，就不能形成具有感染力和影响力的精神形态。④新时代弘扬甘祖昌精神就使中国共产党革命精神的传承和弘扬得到了现实支撑。

---

① 许月：《民主革命时期中国共产党革命精神整体性论析》，《思想理论教育导刊》2019年第8期。
② 颜枚琳：《论中国共产党革命精神整体性的三重表现》，《思想教育研究》2019年第6期。
③ 《习近平关于"不忘初心、牢记使命"重要论述选编》，北京：中央文献出版社2019年版，第299页。
④ 王炳林、房正：《关于深化中国共产党革命精神研究的几个问题》，《中国高校社会科学》2016年第3期。

（三）甘祖昌精神是红色基因承上启下的现实载体和重要依托

甘祖昌精神同红色基因的形成具有密切关系，它既是在对红色基因的传承中形成发展的，也已经成为红色基因的外在表现。红色基因，是根植于我们党的肌体、沉淌在共产党员血脉中的遗传因子，是中华民族共存共荣的精神族谱。它已经成为一种精神象征和精神支柱，是党和国家的宝贵精神财富。在中国共产党百年奋斗史中，我们党不断壮大、不断成熟并取得了一个又一个胜利，红色基因也得到了锤炼和强化。

一切向前走，也不能忘记走过的路；走得再远、走到再光辉的未来，也不能忘记走过的过去，不能忘记为什么出发。①回望来时路，了解红色基因的形成发展意义重大。我们党从诞生的那一天起，就把红色基因融入血脉，薪火相传。党的十八大以来，习近平总书记多次前往全国各革命老区，用脚步丈量信仰高地，其红色足迹遍布了河北西柏坡、山东临沂、福建古田、陕西延安和铜川、贵州遵义、江西井冈山、安徽金寨、宁夏固原、山西吕梁、上海、浙江嘉兴等地，多次提及并强调要"让红色基因代代相传"。要让红色基因代代相传，就必须准确地认识和把握红色基因的历史生成与发展演化，以具体的而非抽象的举措加以落实。这就离不开像甘祖昌精神一样的各种革命精神的传承。由此，也确立了甘祖昌精神在红色基因图谱中的方位和地位。

红色是血与火的颜色，承载了中国共产党波澜壮阔的革命史、艰苦卓绝的奋斗史和感天动地的英雄史。红色基因是中国共产党优良精神品质的总称和凝练，是中国共产党领导全国各族人民，高举马克思主义旗帜，历经长期革命建设改革实践磨炼筛选，不断孕育积淀升华的决定中国共产党人本质特征的特有品质。红色基因包含着中国共产党人的理想信仰、宗旨意识、革命精神、家国情怀和价值诉求，是中国共产党之所以成功的关键所在、秘诀所在。历史地看，红色基因见证了"没有共产党就没有新中国""只有社会主义

---

① 习近平：《在庆祝中国共产党成立95周年大会上的讲话》，北京：人民出版社2016年版，第8页。

才能救中国、只有社会主义才能发展中国"的苦难辉煌,融入中华民族从站起来、富起来到强起来的整个发展进程。红色基因不是抽象的存在,更不是抽象的概念,而是共产党人精神与信仰的密码,具有现实的载体和依托。从嘉兴南湖的红船到井冈山的号角,从长征播下的革命火种到革命圣地延安的抗日烽火,从革命战争年代到和平建设年代,红色基因代代相传,长盛不衰。

甘祖昌精神内在地包含着红色基因,是传承红色基因的现实载体和重要依托。挖掘红色基因,必须全面发掘红色基因资源。红色基因植根于先烈们用鲜血染红的泥土中,传承于英雄人物用行动谱写的事业中。在红色基因的生成与传承中,离不开一代又一代中国共产党人的接续奋斗,离不开在伟大社会革命中涌现出来的先进人物、英雄人物、模范人物的生动实践。红色基因是革命精神的传承、优良传统的延续,养成于平时的一点一滴,体现为方方面面的修养。正是凭借着一代又一代中国共产党人的点滴行动,红色基因才得以在历史前进中得到传承。甘祖昌同志就是这样一位典型人物,他的身上流淌着红色血液,传承着红色基因,更锤炼着红色品质。甘祖昌精神体现着中国共产党人的艰辛探索和责任担当,蕴含着鲜明的政治立场、坚定的信仰信念、先进的制胜之道、崇高的革命精神、优良的作风纪律。正是因为甘祖昌精神中包含着"红色基因",是红色基因传承中起着承上启下作用的载体,所以甘祖昌精神有着特殊的历史地位,成为红色基因图谱中不可或缺的有机组成部分。

红色基因是甘祖昌精神的内在规定。红色基因是党的性质宗旨的本质体现,只有中国共产党才能有,其他政党学不来。甘祖昌精神最鲜明的特质就是内在地传承着红色基因。从红色基因最本源的成分来看,甘祖昌精神强调对党忠诚、维护核心,强调理想信仰,强调全心全意为人民服务,体现着党的性质宗旨和政治本色;从红色基因最丰富精彩的成分来看,甘祖昌精神强调永葆艰苦奋斗的政治本色,强调自觉执行党的铁的纪律,强调始终保持昂扬的精神状态,体现着党的精神风貌;从红色基因最充满辩证法魅力的成分来看,甘祖昌精神充分体现着对辩证唯物主义和历史唯物主义世界观和方

第四章 甘祖昌精神的历史地位和当代价值

法论的运用，坚持并自觉运用党的思想方法和工作方法，体现着党的科学理论和思想高度。从这个意义上来说，红色基因赋予甘祖昌精神特有的理想高度、信仰纯度、精神亮度和情感温度。也正是有像甘祖昌精神这样一个又一个的具体的精神载体，红色基因才得以被传承而不断获得新的生命力。

珍藏的旧毛裤

父亲有一条补得不能再补的旧毛裤，一直珍藏在身边。早在新疆当后勤部长的时候就烂了，身边的工作人员跟他说："甘部长，我们后勤部有几个毛纺厂，随便叫哪个厂给你织一条毛裤吧，你这条毛裤该进博物馆了。"父亲摇摇手说："不要，破了补补还能穿。"父亲穿着它，在南泥湾开过荒，参加过解放战争，又穿着它到新疆，实在烂得不能再补了，母亲要帮他织条新的，父亲说："再补一下，再补一下还可以穿，不必买新的。"母亲费了好大的功夫才补好。父亲看了看说："不是很好嘛，还可以再穿个五六年。"

从新疆回到江西，父亲又把这条毛裤带回了老家。回到老家后，他照样穿，破了就自己补，实在破得自己补不了就要母亲补，用毛线补不了就用布补，以至一条毛裤补丁摞补丁，尤其是屁股和膝盖几个摩擦得厉害的地方，补的全是五颜六色的布。一次，母亲将毛裤洗了晒在外面，村里几个人见了都哈哈大笑，打趣地说，怪不得甘将军能逢凶化吉，原来他穿着"八卦裤"呀！父亲听后，意味深长地说："别看它旧，穿上这条裤子，经常想起革命烈士，想起过去的苦难生活，所以啊，再烂也不能丢！"

这条毛裤就这样一直没有换，直到临终前，父亲才对母亲说："告诉孩子们，这条毛裤不能丢，那是张学良将军的弟弟张学思在延安学习时送给我的，它饱含着人家一份深情啊，留着做个纪念吧！"

——甘仁荣:《父亲甘祖昌》，江西教育出版社2019年版，第66—67页红色基因是共产党人永葆本色的生命密码,也是激励共产党人不断向前奋斗的动力。红色基因牢筑共产党人的精神高地,确保共产党人把握前进的正确方向,不断凝聚爱国奉献、求实创新的精神力量。同时,红色基因也是凝聚力量、纯洁思想、净化队伍、动员群众的鲜明旗帜,是坚持和发展中国特色社会主义的文化引擎。红色基因产生于革命战争年代,是革命战争年代的产物,尽管有其固有的"内核"和不变的"根本",但是它并不是保守僵化、一成不变的,而是随着实践的发展不断与时俱进,丰富发展的。① 在新的时代条件下,传承和弘扬红色基因是中国共产党担负历史使命的动力源泉,是坚定"四个自信"的内在要求。新时代坚持和发展中国特色社会主义,要更加自觉地把革命前辈用鲜血和生命培育的红色基因传承下去,发扬光大,在立根固本中挺起精神脊梁。从这个意义上说,新时代坚持和发展中国特色社会主义,必须大力弘扬甘祖昌精神,传承好红色基因,以永不懈怠的精神状态和一往无前的奋斗姿态,为完成党的历史使命、实现党的奋斗目标而不懈奋斗。②

(四)甘祖昌精神是社会主义核心价值观的生动体现

今天,我们认识和把握甘祖昌精神的历史地位,也要从根本上进行分析、认识和把握,将其同社会主义核心价值观紧密结合起来。正如马克思曾指出的,"前期历史的'使命'、'目的'、'萌芽'、'观念'等词所表示的东西,终究不过是从后期历史中得出的抽象,不过是从前期历史对后期历史发生的积极影响中得出的抽象"。③ 甘祖昌精神随着社会发展和时代进步而彰显出其独特的价值,成为社会主义核心价值体系和社会主义核心价值观的生动体现。从某种意义上说,甘祖昌精神的生成过程中,尽管社会主义核心价值观尚未明确提出,但其包含的价值追求已然融汇其中。

---

① 苏敬装:《传承红色基因汇聚复兴伟力》,《学习时报》2020年3月23日,第1版。
② 刘志兵:《中国共产党人的红色基因》,《前线》2018年第7期。
③《马克思恩格斯文集》第一卷,北京:人民出版社2009年版,第540页。

第四章
甘祖昌精神的历史地位和当代价值

社会主义核心价值体系和价值观体现了社会主义意识形态的本质要求。意识形态具有强烈的价值指向性，在本质上是以价值观念来凝聚和吸引全体社会成员，为人们提供了一定的价值理想和信仰选择，还为人们的价值导向提供了一定的判断标准和价值尺度，从而实现一定的政治目标，为国家的现实战略任务服务。核心价值体系和核心价值观是决定文化性质和方向的最深层次要素，是一个国家的重要稳定器。党的十七大提出了社会主义核心价值体系，党的十八大强调社会主义核心价值体系建设，积极培育和践行社会主义核心价值观，即"三个倡导"：倡导富强、民主、文明、和谐，倡导自由、平等、公正、法治，倡导爱国、敬业、诚信、友善。社会主义核心价值观是社会主义核心价值体系的内核，体现社会主义核心价值体系的根本性质和基本特征，反映社会主义核心价值体系的丰富内涵和实践要求，是社会主义核心价值体系的高度凝练和集中表达。党的十九大则把坚持社会主义核心价值体系作为新时代中国特色社会主义基本方略的重要内容，并提出：必须坚持马克思主义，牢固树立共产主义远大理想和中国特色社会主义共同理想，培育和践行社会主义核心价值观，不断增强意识形态领域主导权和话语权，推动中华优秀传统文化创造性转化、创新性发展，继承革命文化，发展社会主义先进文化，不忘本来、吸收外来、面向未来，更好构筑中国精神、中国价值、中国力量，为人民提供精神指引。

每个时代都有每个时代的精神，每个时代都有每个时代的价值。甘祖昌精神是社会主义核心价值在特定发展阶段的生动实践及其理论表达，体现了社会主义的价值要求和崇高追求，是引领全社会思想道德追求的精神灯塔。"价值观的力量，比生存的需要更崇高，比血浓于水的亲情更博大，它为人生赋值、为社会定规、给国家赋形。有什么样的核心价值观，就有什么样的国家、社会和公民，就有什么样的取向、路径和行动。"[①]社会主

[①] 任仲平：《凝聚当代中国的价值公约数——论培育和践行社会主义核心价值观》，《人民日报》2015年4月20日，第2版。

义核心价值体系和社会主义核心价值观并非抽象、空洞的价值规训,其重要而现实的支撑就包括中国共产党革命精神。甘祖昌精神就是社会主义核心价值观在特定时空中的一种生动体现,顺应历史发展和社会进步的客观需要,把中国共产党人的使命担当融汇其中。

人生需要信仰驱动,社会需要共识引领,国家需要价值导航,甘祖昌精神从多个层面发挥着价值引领的功能和作用。从个人层面看,甘祖昌同志树立了历久弥新的思想道德标杆,已经成为人民群众心目中一个光辉的榜样和一面鲜红的旗帜,而这恰恰是社会主义核心价值观落地生根的前提。从精神层面看,甘祖昌精神体现着民族的精神追求,代表着社会的道德理想,渗透着中国共产党人的崇高理想,包含了体现社会主义、共产主义价值目标的精神形态,反映的是无产阶级的价值判断,与社会主义核心价值观的实质相契合,是社会主义核心价值观的具体体现。可以说,甘祖昌精神体现着社会主义核心价值观的价值目标、价值取向和价值准则,是培育和践行社会主义核心价值观的重要载体和精神资源。

新时代大力传承和弘扬甘祖昌精神,更能够抓住中国人心理契合点,有助于从情感层面增强人民群众对社会主义核心价值观的认同,从而形成中国人民凝心聚力的普遍共识,夯实全国人民的价值基础,转化为实现中华民族伟大复兴的具体行动。"情感认同是培育和践行社会主义核心价值观的心理根基,决定着社会主义核心价值观影响的广度、深度和建设的持续性、有效性。"[①] 从理论上来说,真正意义上的认同往往源于心理趋同,没有心灵上的共鸣,人们的认同难以持久,也不可能真正践行。培育和践行社会主义核心价值观是教育和实践相结合的过程,最重要的是抓好载体、付诸实践、见诸行动。榜样和模范就是很好的载体。榜样具有功能性价值,优秀的事迹与人物展现了道德的美好,能够激发社会成员对美好情感体验的向往。甘祖昌精神依托以甘祖昌同志为主体的实践活动,借助甘祖昌同

---

① 王伦光:《论社会主义核心价值观的情感认同》,《理论探讨》2018年第5期。

志大量鲜活的、感人的事迹,有助于加深人们对社会主义核心价值观的思想认知和情感认同,实现理论向心理的转化,使之稳定地发挥作用。因此,新时代大力传承和弘扬甘祖昌精神,要与以爱国主义为核心的民族精神和以改革创新为核心的时代精神紧密结合起来,与培育和践行社会主义核心价值观紧密结合起来,更好地传递正能量。

二、甘祖昌精神的当代价值

甘祖昌精神具有永恒价值,它是以甘祖昌同志个人实践活动为主要依托而凝练形成的一种精神样态,但其形成以后就具有超越个体、超越时空的价值。无论在过去、现在和将来,甘祖昌精神都有着不朽的价值和永恒的生命力。甘祖昌精神最鲜明的特征就是实践性,这就意味着甘祖昌精神内在地具有与时代特征相结合的品质,并为在地要求人民群众的认可、认同和践行。随着时代进步和社会发展,甘祖昌精神不但没有过时、没有褪色,反而不断与民族传统美德相承接、与社会进步潮流相契合、与党的先进本色相融汇,迸发出日益强大的精神力量。因此,新时代大力弘扬甘祖昌精神,就要使它与时代一起脉动,不断注入新的时代内涵,从而转化为人民群众的生动实践,获得更加强大的生命力。

(一)弘扬甘祖昌精神有助于加强新时代党性教育

"种树者必培其根,种德者必养其心。"党性教育是共产党人修身养性的必修课,也是共产党人的"心学"。[①] 刘少奇同志曾指出,"共产党员的党性,表现在服从党尊重组织的绝对性上,表现在对于一切党员,一切党

---

① 习近平:《在全国党校工作会议上的讲话》,北京:人民出版社2016年版,第17页。

的组织，对于党的一切决议、命令、文件，对于党的一切东西的尊重、执行与爱护上"①。从本质上来看，党性就是一个政党固有的本质属性，是党的性质、目标、宗旨以及作风、纪律等要求的综合体现，突出表现为党员应坚守的原则、立场、底线和价值灵魂。甘祖昌精神的生成，离不开甘祖昌同志在长期的社会实践中的自我锻炼、磨炼和历练，即党性修养的不断提高。这就意味着，党性修养也离不开"练"。甘祖昌精神给我们的巨大启示就是要把党性教育作为永恒课题。

历史地看，我们党在革命、建设和改革开放的各个历史时期，都高度重视加强党员队伍党性教育，这既是党员干部保持先进性和纯洁性的重要基石，也是我们党保持党的先进性纯洁性的宝贵经验。我们党自成立之日起就高度重视理论武装、思想建党，始终把思想理论建设放在党的建设首位，把理论强党作为担当历史使命的重要法宝。早在革命战争年代，毛泽东同志就从中国具体实际出发，提出了"无产阶级的思想领导"问题，强调"无产阶级思想领导的问题，是一个非常重要的问题"。在毛泽东同志的大力倡导下，思想建党、理论强党逐步成为全党共识，注重并加强党性教育就成为我们党的优良传统。延安整风运动就是一次思想建党、理论强党的成功实践，也是一次加强党性教育的生动实践。从那时起，我们党开展的历次集中教育活动，都以思想教育、理论学习打头阵。党的十八大以来，以习近平同志为核心的党中央反复强调加强党性修养，并就如何更好加强党性修养提出了新思路、新观点、新论断。习近平总书记明确指出：党性和人民性从来都是一致的、统一的。"坚持党性，核心就是坚持正确政治方向，站稳政治立场。""坚持人民性，就是要把实现好、维护好、发展好最广大人民根本利益作为出发点和落脚点，坚持以民为本、以人为本。"②这一思想已经融入、贯穿到《中国共产党章程》中，成为全党必须遵循的基本原则。

---

① 刘少奇：《论党的建设》，北京：中央文献出版社1991年版，第305页。
② 习近平：《论坚持党对一切工作的领导》，北京：中央文献出版社2019年版，第24-25页。

第四章
甘祖昌精神的历史地位和当代价值

党性是衡量党员价值立场和思想觉悟的根本准绳。加强党性修养和教育，就是要通过宣传普及和教育引导，使广大党员从内心深处自觉提纯党性、锤炼德行、塑造人格，真正把党性原则内化为情感意志和自觉行动，强化党性修养内动力。因此，党员干部要保持一颗平常心，正确对待名利，正确对待位置，正确对待各种利益，克服不健康的攀比心理，视人民群众为亲人，视党的事业重如山，真正做到"先天下之忧而忧，后天下之乐而乐"。在这个问题上，甘祖昌同志和他的夫人龚全珍同志是先进典型。20世纪50年代，甘祖昌和龚全珍夫妇放弃大城市的生活条件，一起返回江西莲花县老家，甘祖昌同志当起了农民，龚全珍同志做了普通教师，两个人一辈子默默奉献、造福桑梓。甘祖昌同志逝世后，龚全珍同志仍然保持艰苦朴素的生活，并且长年捐资助学、扶贫济困。从他们身上，我们深切感受到了共产党员的赤子情怀。甘祖昌同志曾说过："我甘祖昌从参加革命起，历经磨难，九死一生，从没想到过升官发财，而今革命成功了，更不能将自己的功劳当成向党要待遇，要享受的筹码！"①甘祖昌同志以实际行动诠释了共产党员的党性修养的价值意蕴，以生动的事实表明党性是党员干部立身、立业、立言、立德的基石。

甘祖昌精神启示我们，要忠诚于党、信念坚定。中国最大的国情就是中国共产党的领导。中国有了中国共产党执政，是中国、中国人民、中华民族的一大幸事。这也是我们坚定理想信念的根本依靠。2014年5月，习近平总书记在参加河南省兰考县委常委班子专题民主生活会时明确指出："中国走这条路，建党九十多年，新中国成立六十多年，改革开放三十多年，从一个胜利走向另一个胜利，从一个成功走向另一个成功，还有什么可以动摇我们的信念呢？"②甘祖昌同志作为一名党员、一名军人，对党绝对忠诚、理想信念坚定在他的身上得到了充分的体现。习近平总书记反复强调，坚定理想信念，坚守共产党人的精神家园，始终是共产党人安身立

---

① 彭霖山：《将军农民甘祖昌》，南昌：江西人民出版社2013年版，第45页。
② 习近平：《论坚持党对一切工作的领导》，北京：中央文献出版社2019年版，第57页。

命的根本。① 然而，我们必须深刻认识到，共产党员的党性是有规律可循的，它不会自发产生，须以一定的理论修养和知识水平为基础。"对党忠诚老实，言行一致"，是党章对每个党员提出的明确要求。每一个共产党员特别是领导干部都要牢固树立党章意识，自觉用党章规范自己的一言一行，在任何情况下都要做到政治信仰不变、政治立场不移、政治方向不偏。② 甘祖昌同志用自己的毕生行动践行着对党忠诚的铮铮誓言。他把对党的无限忠诚植入骨髓里、融入血液中，始终与党中央保持高度一致，坚定对马克思主义的信仰、对社会主义的信念，用一辈子的行动为自己的信仰和追求做了最好的诠释。广大党员干部要像甘祖昌同志那样，时刻做到在党言党、在党忧党、在党为党、在党爱党。

甘祖昌精神启示我们，要坚持人民立场，厚植人民情怀，走好群众路线，密切党群关系、干群关系，保持同人民群众的血肉联系，这也是我们党始终立于不败之地的根基。一个政党如何回答"我是谁、为了谁、依靠谁"的问题，关乎这个政党的性质，决定这个政党的前途命运和兴衰成败。如果我们脱离群众，失去人民拥护和支持，最终也会走向失败。甘祖昌同志曾经说："无论为官、为民、为富、为贫，都应一律平等对待，体现革命大家庭相互关系、互相爱护、助人为乐的好作风、好精神。"③ 他还说："要保持永远和群众打成一片，就得群众住什么样的房子，我甘祖昌也住什么样的房子，决不能有半点特殊化。"④ 这就是说，任何时候，都必须清醒地认识到：党员干部手中的权力来自人民，只能用来为人民群众办好事、谋福祉，而绝不能变为个人捞好处、谋私利的工具。1976年老伴龚全珍同志从教育工作岗位上离休，按照当时规定可由一个子女顶替，甘祖昌同志坚决反对子承父业的旧规矩，认为子女长大应自谋出路而非躺在父母的功劳

---

① 习近平：《论坚持党对一切工作的领导》，北京：中央文献出版社2019年版，第2页。
② 习近平：《论坚持党对一切工作的领导》，北京：中央文献出版社2019年版，第18页。
③ 彭霖山：《将军农民甘祖昌》，南昌：江西人民出版社2013年版，第89页。
④ 彭霖山：《将军农民甘祖昌》，南昌：江西人民出版社2013年版，第149页。

第四章
甘祖昌精神的历史地位和当代价值

簿上吃老本,最终沮止了四女儿甘吉荣去学校"顶班"。① 尊重不尊重人民主体地位,承认不承认人民是历史的创造者和社会发展的决定力量,是区别唯物史观和唯心史观的分水岭。新时代弘扬甘祖昌精神,就要坚持以人民为中心,尊重人民主体地位,带领人民不断创造美好生活,始终为人民利益和幸福而努力奋斗。新时代弘扬甘祖昌精神,就要适应新时代群众工作的新特点新要求,深入做好组织群众、宣传群众、教育群众、服务群众工作。很重要的是,广大党员干部就要像甘祖昌同志那样,牢固树立正确的权力观,常想党员之责、常修为官之德、常怀律己之心、常思贪欲之害,始终视人民利益高于一切,坚持权为民所用、情为民所系、利为民所谋,时刻以如履薄冰、如临深渊的警觉敬畏权力、管好权力、慎用权力,珍惜政治生命,严守思想道德防线,自觉做到位高不擅权、权重不谋私。

甘祖昌精神启示我们,要艰苦奋斗,反对贪图享受。党性修养既是一个教育与学习的过程,更是一个实践锻炼的过程。甘祖昌同志是党员干部发扬艰苦奋斗精神的典型。甘祖昌同志始终与党同心同德,积极响应毛泽东同志在党的七届二中全会上对全党同志提出的关于"两个务必"的谆谆告诫,发扬革命战争年代白手起家、艰苦创业,创办枪械修理所、子弹厂、兵工厂、纺织厂的精神,不恋高位不图享受,保持艰苦奋斗作风,携妻将子解甲归乡。他还极力劝退为其配备的保健医生、警卫秘书,从村前村后拾粪开始,数十年如一日,除了生病、外出开会,就是开荒地、改造农田水利、修建水坝电站,几乎天天和农民一起参加生产劳动,干劲极大,休息极少。② 因此,我们学习和实践甘祖昌精神,就是要像甘祖昌同志那样,坚持求真务实,弘扬艰苦奋斗的精神,切实反对"四风"。更为重要的是,我们必须清醒地认识到,修好共产党人的"心学",非一日之功,只有持之以恒,方能见到成效。这就要求我们,要着眼于时代发展的需要,坚定不移地继承、持之以恒地弘扬甘祖昌精神,使之成为党性教育的精神财富。

---

① 甘守义:《甘祖昌:锄头映初心》,《学习时报》2018年12月10日,第5版。
② 甘守义:《甘祖昌:锄头映初心》,《学习时报》2018年12月10日,第5版。

站在新的时代起点上，大力弘扬甘祖昌精神，有利于树立党的光辉形象，纯洁党的队伍，提高社会文明程度。在这个过程中，我们要用好甘祖昌干部学院。这是一所"没有围墙"的干部学院。在这里，村庄就是教室，进来就受教育。甘祖昌同志当年修建的水库、改造的冬水田、绿化的荒山，都成了现场教学点。学员吃住在农家，访民情、察民意、解民忧，进一步融洽了党群干群关系。该院研发的访谈式党课《薪火相传·信念永恒》、现场教学《一座桥变十二座桥》等精品课程，由村里人和甘祖昌同志的后代讲述和演绎甘祖昌同志、龚全珍同志的故事。以甘祖昌同志、龚全珍同志真实事迹为素材创作的红色教育题材采茶剧《并蒂莲花》，除了由沿背村30余名本村村民自排自演外，还由村里的学龄儿童轮流上台表演，使每一个家庭都参与到教学培训中来。这样一种"课堂在田野、吃住在农家、人人是老师"的干部培训模式，对于新时代加强党性教育具有重要的启示意义。当然，大力弘扬甘祖昌精神，归根到底是要利用甘祖昌精神去引领人、鼓舞人、教育人，从最根本上体现真正的革命奉献精神，补好共产党人的信仰之"钙"。

（二）弘扬甘祖昌精神有助于推动新时代家风建设

家风，顾名思义，指一个家庭或家族在遵守世代相传的道德准则、采取的处世方法中所形成的风气、风尚、风格，也叫门风。家风作为社会风气的细胞，是一个人精神成长的重要源头，对人的道德养成和人格形成产生持久影响。"从共性上讲，每个家族、家庭都有一定的家风家训，尽管并非系统化、理论化的完整表现；从个性上讲，各个家族、家庭的家风家训必定是具体的，有着多样性特色，不会是同一模式。"[①] 甘祖昌同志曾经说："只能给后代留下革命传家宝，不能留下安乐窝。"甘祖昌同志严于律己也严于律家，他对亲属子女严格教育管理形成的清明、简朴、勤劳、自

---

① 唐志龙：《共产党人家风建设的三重视阈》，《学习论坛》2020年第2期。

第四章
甘祖昌精神的历史地位和当代价值

立的家风,既是家庭的传家宝,也是革命传家宝。甘仁荣曾写道:"父亲对我们'恩威并重',从小要求我们做到四要、四不准。四要就是:一要听老师的话,好好学习;二要爱劳动,自己的事情自己做;三要爱护公物,爱惜粮食;四要有礼貌,不打人骂人,尊敬老人,爱护小孩。四不准就是:一不准在任何情况下搞特殊;二不准以父亲的名义谋私利,图方便;三不准与别人比吃比穿;四不准撒谎讲假话。父亲的教诲让我们从小养成爱学习爱劳动、艰苦朴素、勤俭节约的生活习惯。"①这些为广大党员干部树立了典范,对新时代推动家风建设具有时代价值。

重家教、育家风是中华民族的优良传统,也是中国共产党人的优良传统。传统家风是古人治家教子、修身处世的重要载体,许多家训名篇、家风故事被奉为治家育人的典范流传极广。诸如周公旦的《诫伯禽书》、司马谈的《命子迁》、诸葛亮的《诫子书》、颜之推的《颜氏家训》、李世民的《诫皇属》、包拯的《包拯家训》、欧阳修的《诲学说》、袁采的《袁氏示范》、朱柏庐的《朱子家训》、李毓秀的《弟子规》、曾国藩的《十六字家训》等,凝结着良好家风,虽经历史荡涤但仍焕发光彩。②毛泽东同志、周恩来同志、朱德同志等老一辈革命家也高度注重家庭、注重家教、注重家风,使之成为中国共产党人家风建设的宝贵财富。在这种环境中生成的甘祖昌精神内在地蕴含着丰富的"家"的意蕴,他对家庭、家教、家风十分重视,这对甘祖昌精神的形成、传承产生了重要影响。家风作为一种集体认同,对家庭成员有着春风化雨、润物无声的影响。从家庭、家教、家风来看,甘祖昌和他的家人用实际行动温暖了人心,诠释了文明,传播了正能量,为全社会树立了榜样,是新时代加强家风建设的生动典范。从这个意义上来说,甘祖昌同志留给我们的精神财富就包括他对自身家庭、家教、家风的重视。

"天下之本在家。"家庭是社会的细胞。家是最小国,国是千万家。家庭是"国家发展、民族进步、社会和谐的重要基点","千家万户都好,国

---

① 甘仁荣:《父亲甘祖昌》,南昌:江西教育出版社 2019 年版,第 118 页。
② 唐志龙:《共产党人家风建设的三重视阈》,《学习论坛》2020 年第 2 期。

家才能好,民族才能好"。历史和现实告诉我们,家庭的前途命运同国家和民族的前途命运紧密相连。中华民族历来重视家庭。无论时代如何变化,无论经济社会如何发展,对一个社会来说,家庭的生活依托都不可替代,家庭的社会功能都不可替代,家庭的文明作用都不可替代。良好的家教家风,也是中国共产党人立党为公、全心全意为人民服务本质的体现。因此,不论时代发生多大变化,不论生活格局发生多大变化,我们都要重视家庭建设,促进家庭和睦,促进亲人相亲相爱,促进下一代健康成长,促进老年人老有所养。甘祖昌精神蕴含着对家庭的重视,弘扬甘祖昌精神就要将其同新时代家庭建设结合起来。

思想疙瘩要解开

20世纪50年代末,正值国家经济困难时期。甘祖昌同志的大家庭养了10多头猪,自家没有宰杀一头,却全部上交给了国家。于是,家庭成员中就有人抱怨:"国家有困难,管我们什么事?自己养的猪,难道一头都杀不得?天下还没有这样的道理!"

治家,要晓之以理,动之以情,让家人通情达理。于是,甘祖昌召开家庭会议,上起了思想政治课:"这个思想疙瘩一定要解开,我们家庭的每一个成员都要懂得大道理管小道理,小道理服从大道理!"

甘祖昌说:"国家有困难,我们怎能不关心、不过问?自古道,有土才有花,有国才有家。国家兴亡,匹夫有责。大河满,才能小河满。这些最基本的道理,我们难道还不明白吗?"

甘祖昌还说:"想起那些为革命事业连生命都牺牲了的先烈,我们这些活着的人心里就很难过。现在连一头猪都舍不得奉献,难道不感到惭愧,不感到羞耻吗?"

第四章
甘祖昌精神的历史地位和当代价值

就这样,这一大家子没有人再抱怨,寒来暑往地坚持着。

——摘编自彭霖山:《将军农民甘祖昌》,江西人民出版社2013年版,第121页

家风好,就能家道兴盛、和顺美满。家风是一个家庭或家族的传统风尚,体现着家庭或家族的价值观,有助于塑造个体人格、形成良好社会风尚。历史地看,注重家风是中华民族的优良传统,良好的家风是整个社会风清气正的基础。诸葛亮诫子格言、颜氏家训、朱子家训等,都是在倡导一种家风。从现实来看,家教是家风得以形成的主要依托。这就是说,"通过家庭里长辈们的言传身教,对晚辈们产生潜移默化的教化作用,从而把道德规范、原则传递给家庭成员,使家庭成员的行为合乎道德要求"。[①]甘祖昌同志高度重视家教,力求使家庭成员的言行都符合道德要求。他曾多次对子女们说:"你们做子女的,更不应躺在父亲的功劳簿上去炫耀自己。"他还特别要求子女要继承劳动人民的家风,弘扬革命传统,做无产阶级革命接班人。甘仁荣曾回忆说:"为了让我们接过艰苦奋斗的传家宝,父亲一直让我们参加劳动,树立劳动观念。我们家不管男孩女孩,除了上学外,其他时间和农家孩子一样,每天要捡粪、割草、砍柴、放牛、喂猪、干农活。父亲根据我们年龄大小规定劳动任务。记得我五岁起就跟着姐姐去割猪草,每次割回来的猪草父亲都要用秤称,并造册登记,每半年评比一次,父亲把我们召集在一起,开评奖会,评比谁的劳动最好,好的给予奖励,太差的会受到批评,以此来调动大家的劳动积极性。我们上初中后,利用寒暑假、平时节假日和每天早晚给生产队割草、积肥、干农活挣工分,基本上能自食其力了。父亲看在眼里,乐在心里。"[②]

[①] 孙兰英:《把家风建设摆在重要位置》,《人民日报》2016年2月19日,第7版。
[②] 甘仁荣:《父亲甘祖昌》,南昌:江西教育出版社2019年版,第119页。

★ 甘祖昌精神

一双旧鞋的故事

有一次，甘祖昌发现女儿甘公荣的情绪不对，便询问女儿原因。

甘公荣说："他们讥笑我说，将军的女儿还经常穿双破鞋子上学，真是太寒酸了！"

"哦，原来是这么一回事，我还以为是什么了不起的大事哩"！甘祖昌笑呵呵地又叮了一句："你是怎么回答他们的呢？"

甘公荣气鼓鼓地说："我把那双鞋子扔了！"

"啊！"甘祖昌被惊得脸红耳赤，几乎跳起来，他双眼严厉的目光盯着女儿，真想给她一个耳光。好不容易克制住情绪的甘祖昌，长长叹了口气，粗糙的手掌终于缓缓地落到女儿的头顶："公荣，你错了！怎么能够干出这种傻事呢？俗话说，省吃餐餐有，省穿日日新。我们老一辈艰苦朴素的传统可不能就在你们这一代人身上丢了啊！"

女儿耷拉着小脑袋，听着父亲的开导。"公荣啊，公荣，难道将军的女儿就要与众不同吗？难道将军的女儿就要高人一等吗？难道将军的女儿就不能穿破鞋子上学吗？如果说要讲享受、讲特殊的话，爸爸就不会回来当农民了！而你们做子女的，更不应该躺在父辈的功劳簿上去炫耀自己！"

甘祖昌接着说："孩子，你知道吗，你扔掉的不是一双旧鞋子，而是扔掉了我们劳动人民的家风，扔掉了劳动人民艰苦朴素的本色，扔掉了井冈山的光荣传统，扔掉了无产阶级革命接班人必须具备的良好素质！"

"鞋子有了洞，补一下还可以穿，可思想上要出了漏洞，那就害人不浅啊！"甘祖昌语重心长的开导，使女儿茅塞顿开，跑到外面拾回了那双旧鞋。

——摘编自彭霖山：《将军农民甘祖昌》，江西人民出版社2013年版，第134-137页

第四章
甘祖昌精神的历史地位和当代价值

龚全珍同志在甘祖昌同志辞世后就主持家庭会议,她说:"孩子们,你们的父亲走了,他没有留下任何物资财产,却留下了一笔宝贵的精神财富。这笔财富是无法用金钱来衡量的,你们任何时候都不能丢弃它!你们时刻要牢记,自己是甘祖昌的后代,继承他的遗志,弘扬他的奉献精神义不容辞!"她还说:"从今以后,就从我自己做起吧!"①她是这么说的,也是这么做的。从1957年随甘祖昌同志回到江西省莲花县坊楼镇沿背村起,她在乡村教师的平凡岗位上几十年如一日,兢兢业业,教书育人。离休后,她传承甘祖昌将军不求名利、矢志为民的精神,积极开展革命传统教育和理想信念教育,倾力捐资助学、扶贫济困,开办"龚全珍工作室"服务社区、服务群众,办了许多实事、解了不少难事、做了很多好事。甘祖昌同志的子女也"为有这样品质高尚的父亲而骄傲,而激动得流泪"②!这就是甘祖昌同志的家庭、家教和家风。因此,我们要从甘祖昌精神中吮吸精神滋养,大力弘扬优良家风,从而让好家风支撑起全社会的好风气。

"一心可以丧邦,一心可以兴邦,只在公私之间尔。"家庭不只是人们身体的住处,是人们心灵的归宿,更是关系到党风、政风、国风。家风深刻地影响着一个人的品质和行为。"对个人而言,良好家风家教具有使人安身立命、被社会所接纳的意义;对家族而言,良好家风家教具有荫泽后代、光宗耀祖的意义;对社会而言,良好家风家教具有使社会和谐稳定、有序发展的作用;对国家而言,良好家风家教具有礼治天下、约束为政者行为的功能。"③甘祖昌同志的女儿甘平荣从吉安卫生学校毕业后想去参军。甘祖昌同志却对相关人员说:"一切按原则办事,如果她身体合格,你们就接收她,否则就不要接收!不要因为我的缘故破坏规矩,我知道她的右眼近视,希望体检时严格把关。"由于品学兼优最终光荣入伍的甘平荣以常人难以忍受的毅力坚持训练,用左眼瞄准打靶获得优秀成绩,并被所在连

---

① 彭霖山:《将军农民甘祖昌》,南昌:江西人民出版社2013年版,第201页。
② 彭霖山:《将军农民甘祖昌》,南昌:江西人民出版社2013年版,第143页。
③ 孙兰英:《把家风建设摆在重要位置》,《人民日报》2016年2月19日,第7版。

队选出参加全军射击表演。甘祖昌同志的女儿甘仁荣高中毕业后上山下乡插队落户。"当时我正好 16 岁，正是人生最美好的年纪，也曾满腔激情和理想，要在广阔天地大有作为；也曾时刻积极奋进，样样农活都不甘落后，得到了社员们的肯定。"因此，甘仁荣获得了被推荐读大学的机会，但最终却被父亲将名额转让给了一个退伍兵。甘祖昌同志常常教育子女，"做甘祖昌的儿女就得吃亏"。①

然而，家风差，难免殃及子孙、贻害社会。纵观近年来的腐败案件可以发现，"家风败坏往往是领导干部走向严重违纪违法的重要原因"②。习近平总书记曾深刻地指出，不少领导干部"纵容家属在幕后收钱敛财，子女等也利用父母影响经商谋利、大发不义之财"。从党的十八大以来查处的大案要案来看，很多腐败分子的违纪违法行为中，往往有"家族腐败"因素。父子兵、夫妻档、兄弟帮屡见不鲜，甚至"全家总动员"，把公权力变成"私人订制"，最终一起走上不归路。从某种意义上说，甘祖昌精神之所以能够被锤炼出来，与甘祖昌同志注重家庭、家教、家风是密不可分的。

新时代弘扬甘祖昌精神，就要注重家庭、家教和家风建设。只有广大家庭都弘扬优良家风，才能以千千万万家庭的好家风支撑起全社会的好风气。从这个意义上说，新时代，党员干部要切实把家风建设摆在重要位置，落到实处。对居于领导岗位、握有权力的官员来说，败坏的家风，往往更成为牵引其自身及亲属走向牢狱的绳索。正如习近平总书记所强调的那样，家里那点事"要留留神，防微杜渐，不要护犊子"。"触犯了党纪国法都要处理，而且要从严处理。"③2016 年 1 月 12 日，习近平总书记在十八届中央纪委六次全会上曾明确指出："每一位领导干部都要把家风建设摆在重要位置，廉洁修身、廉洁齐家，在管好自己的同时，严格要求配偶、子女和身

---

① 甘仁荣：《父亲甘祖昌》，南昌：江西教育出版社 2019 年版，第 122 页。
② 《习近平谈治国理政》第二卷，北京：外文出版社 2017 年版，第 165 页。
③ 《习近平谈治国理政》第二卷，北京：外文出版社 2017 年版，第 166 页。

边工作人员。"①把家风作为领导干部作风建设的重要内容，这是全面从严治党的一个突出特点，其逻辑起点在于家风虽出自家庭立足于家庭，但其对领导干部的道德水准和价值取向产生重要影响。

没有规矩，不成方圆。以习近平同志为核心的党中央为家风建设定下了"明规矩"。2016年起开始实施的《中国共产党廉洁自律准则》第八条明确要求，党员领导干部要"廉洁齐家，自觉带头树立良好家风"。十八届六中全会审议通过的《关于新形势下党内政治生活的若干准则》中要求："领导干部特别是高级干部必须注重家庭、家教、家风，教育管理好亲属和身边工作人员。""禁止利用职权或影响力为家属亲友谋求特殊照顾，禁止领导干部家属亲友插手领导干部职权范围内的工作、插手人事安排。"《中国共产党党内监督条例》第十四条规定：中央政治局委员要"带头树立良好家风，加强对亲属和身边工作人员的教育和约束，严格要求配偶、子女及其配偶不得违规经商办企业，不得违规任职、兼职取酬"。广大领导干部要自觉加强党性修养，增强"四个意识"、坚定"四个自信"、做到"两个维护"，努力将这样的政治自觉贯彻到家风建设中去，让主旋律和正能量充满社会中的每一个家庭；要注重道德养成，树立规矩意识，心怀敬畏，正确行使手中的权力，为家人树立标杆，在群众中树立良好形象。②

（三）弘扬甘祖昌精神有助于肩负起新时代党的文化使命

弘扬甘祖昌精神，有助于肩负起新时代党的文化使命。党的十九大旗帜鲜明地提出了"文化使命"，并充满自信和豪情地指出："当代中国共产党人和中国人民应该而且一定能够担负起新的文化使命，在实践创造中进行文化创造，在历史进步中实现文化进步。"③这个"新的文化使命"就是

---

① 《习近平谈治国理政》第二卷，北京：外文出版社2017年版，第165页。
② 吕文涓：《用良好家风涵养初心使命》，《光明日报》2019年8月19日，第5版。
③ 习近平：《决胜全面建成小康社会 夺取新时代中国特色社会主义伟大胜利——在中国共产党第十九次全国代表大会上的报告》，北京：人民出版社2017年版，第44页。

要坚定文化自信、推动社会主义文化繁荣兴盛。这样的文化使命必须得到包括甘祖昌精神在内的中国共产党革命精神的支撑。弘扬甘祖昌精神，既是繁荣兴盛中华文化的题中之义，也为新时代党的文化使命的担当提供精神力量。

新时代中国共产党人和中国人民的文化使命彰显着高度的文化自觉和使命担当。中国共产党从成立之日起，就既是中华优秀传统文化的忠实传承者和弘扬者，又是中国先进文化的积极倡导者和发展者，义不容辞地承担起铸就中华文化新辉煌的历史使命。从那时起，中国共产党和中国人民推动中华文化发生了一次又一次量变和质变、肯定和否定的交替前进，肩负起历史赋予的文化使命。文化使命虽然内在地包含着未来向度，却不可能超出当时条件所容许的有限范围。随着文化发展的历史性推进，文化使命的超越性必然会与文化发展的现实性实现重合，否则就意味着对文化使命的认识是武断的、空想的。早在民主革命时期，我们党就旗帜鲜明地提出了建设新文化的奋斗目标，并指出这是"在观念形态上反映新政治和新经济的东西，是替新政治新经济服务的"。[1]毛泽东同志指出，革命胜利后要进行大规模的经济建设和文化建设，[2]还明确把发展文化教育作为革命胜利的主要任务之一。[3]新中国成立后，毛泽东同志就把文化建设摆在了重要位置，指出："随着经济建设的高潮的到来，不可避免地将要出现一个文化建设的高潮"，中华民族必将以一个具有高度文化的民族出现于世界。[4]党的十一届三中全会以来，我们党对社会主义文化建设的认识不断深化。与建设物质文明相对应，我们党提出并强调要建设高度的精神文明。经过改革开放以来18年的探索，党的十四届六中全会比较明确地提出了新时期文化使命的问题，指出："在发展社会主义市场经济和对外开放条件下建

---

[1]《毛泽东选集》第2卷，北京：人民出版社1991年版，第695页。
[2]《毛泽东文集》第5卷，北京：人民出版社1996年版，第348页。
[3]《毛泽东文艺论集》，北京：中央文献出版社2002年版，第129—130页。
[4]《毛泽东文集》第5卷，北京：人民出版社1996年版，第345页。

第四章 甘祖昌精神的历史地位和当代价值

设社会主义精神文明,是中国共产党人和中国人民一项艰巨的历史使命。"[①]党的十五大强调要充分认识文化建设重要性和紧迫性,提出建设有中国特色社会主义的文化的目标任务,并明确要"发展面向现代化、面向世界、面向未来的,民族的科学的大众的社会主义文化"。[②]进入21世纪,我们党对文化建设规律的认识不断深化,逐渐形成并提出了建设社会主义文化强国的战略目标,使中国共产党的文化使命更加具体、更具可操作性。习近平新时代中国特色社会主义文化思想坚持以马克思主义为指导,坚守中华文化立场,立足当代中国现实,结合当今时代条件,旗帜鲜明地提出了"坚定文化自信,推动社会主义文化繁荣兴盛"的新的文化使命,这充分体现了当代中国共产党高度的文化自觉和使命担当。

新时代中国共产党人和中国人民的文化使命是新时代党的历史使命的重要组成部分,并为其实现提供精神支撑。我们党一经成立,就把实现共产主义作为党的最高理想和最终目标,义无反顾肩负起实现中华民族伟大复兴的历史使命。党的十九大旗帜鲜明地提出了新时代中国共产党的历史使命,要求全党必须准备付出更为艰巨、更为艰苦的努力,进行伟大斗争,建设伟大工程,推进伟大事业。一方面,文化使命是新时代中国共产党的历史使命的重要维度。人类社会每一次跃进,人类文明每一次升华,无不伴随着文化的历史性进步。中华民族伟大复兴,是物质文明和精神文明均衡发展、相互促进的结果,物质财富要极大丰富,精神财富也要极大丰富。中华民族伟大复兴必然伴随着社会主义文化繁荣兴盛,是物质文明和精神文明比翼双飞的发展过程,迫切需要推动社会主义文化繁荣兴盛,使我国由一个文化大国转变成为一个文化强国。另一方面,新时代中国共产党人和中国人民的文化使命为新时代中国共产党的历史使命提供坚强思想保证、强大精神力量、丰润道德滋养。人无精神则不立,国无精神则不强。习近平总书记强调要辩证认识经济基础与上层建筑之间的关系,指出:"一

---

① 《十四大以来重要文献选编》下册,北京:人民出版社1999年版,第2048页。
② 《十五大以来重要文献选编》上册,北京:人民出版社2000年版,第19页。

个国家、一个民族的强盛，总是以文化兴盛为支撑的，中华民族伟大复兴需要以中华文化发展繁荣为条件。"① "没有中华文化繁荣兴盛，就没有中华民族伟大复兴。"② 因此，必须推动社会主义文化繁荣兴盛、建成社会主义文化强国。唯有如此，才能更好凝聚起应对重大挑战、抵御重大风险、克服重大阻力、解决重大矛盾的强大力量，更好提振起全党全国人民的信心和斗志，从而奋力走好新时代的长征路。从这个意义上说，肩负起新时代中国共产党人和中国人民的文化使命，是新时代坚持和发展中国特色社会主义、实现中华民族伟大复兴中国梦的必然要求。

正确认识中国特色社会主义文化繁荣兴盛在世界社会主义中的历史地位和贡献。当前，中国特色社会主义在世界社会主义行列中占据着一个光荣的地位。20世纪末苏联解体、东欧剧变，世界社会主义运动陷入低潮。然而，这绝不是弗朗西斯·福山眼中的"历史的终结"，也不是所谓的社会主义的"大失败"，仅仅是苏联模式的失败。从那时起，世界社会主义运动朝着多样化多元化趋势在低潮中奋进。在这一历史进程中，中国特色社会主义成功开创并取得举世瞩目的成就，进入新的发展阶段。中国特色社会主义进入新时代，是中国共产党领导中国人民进行伟大社会革命的结果和继续，标志着科学社会主义在21世纪的中国焕发出强大生机活力，这可以被视为世界社会主义开始复兴具有里程碑意义的重大历史节点。从这个意义上来说，作为新时代坚持和发展中国特色社会主义的重要维度和使命任务，中国特色社会主义文化繁荣兴盛就是无产阶级的历史使命、中国共产党的历史使命在精神文化层面的具体体现，必将会为世界社会主义事业注入强劲动力。从这个意义上说，中国特色社会主义文化繁荣兴盛既是中国进行社会主义建设的荣光，也是世界社会主义运动的荣光。与此同时，随着世界历史的纵深展开，坚持和发展中国特色社会主义必须更加注重统筹国际国内两个大局，用好国际国内两种资源。推动中国特色社会主

---

① 《习近平关于社会主义文化建设论述摘编》，北京：中央文献出版社2017年版，第3-4页。
② 《习近平关于社会主义文化建设论述摘编》，北京：中央文献出版社2017年版，第7页。

义文化繁荣兴盛,形成与我国综合国力和国际地位相适应的国家文化软实力,有助于为我国日益走近世界舞台中央提供有力的硬支撑,也有助于增进世界各国人民的民生福祉。马克思曾指出:"个人在精神上的现实丰富性完全取决于他的现实关系的丰富性",单个人随着自己的活动扩大为世界历史性的活动,从而获得了利用具有世界性的生产(包括精神的生产)的能力。[①] 今天,世界各国人民前途命运越来越紧密地联系在一起,人类对美好生活的向往和需要日益上升。习近平总书记提出并反复强调要把人民对美好生活的向往作为奋斗目标,而文化已经成为衡量美好生活的一个重要尺度和显著标志。中国特色社会主义文化繁荣兴盛,既为中国人民提供了更高质量的精神文化产品,也为相互激荡更加频繁的思想文化丛林提供了更符合人的自由而全面发展的精神文化产品,这对于在世界范围内满足人民对美好生活(主要是精神文化生活)的需要具有重要意义。由此,中国共产党人和中国人民的文化使命越来越具有世界意义。从这个意义上,我们可以更加深刻地理解中国共产党的初心和使命,更加深刻地认识到中国共产党是为中国人民谋幸福的党,也是为人类进步事业而奋斗的党。

更好肩负起新时代党的文化使命,就必须大力弘扬中国共产党革命精神。作为中国共产党革命精神重要组成部分的甘祖昌精神,是党和国家的宝贵财富,无论时代如何发展都不会过时,因此,要将甘祖昌精神不断结合新时代条件发扬光大,推动中华文化繁荣兴盛。

(四)弘扬甘祖昌精神有助于为实现中华民族伟大复兴提供强有力的精神支撑

伟大的梦想,需要伟大的精神做支撑。"人无精神则不立,国无精神则不强。精神是一个民族赖以长久生存的灵魂,唯有精神上达到一定的高

[①]《马克思恩格斯选集》第1卷,北京:人民出版社2012年版,第169页。

夏，这个民族才能在历史的洪流中屹立不倒、奋勇向前。"①习近平总书记明确指出，实现中华民族伟大复兴的中国梦，必须弘扬中国精神。中国精神作为一种意识形态，是一种特殊的社会意识，是作为社会的思想上层建筑，对一定社会经济形态以及由经济形态所决定的政治制度的自觉反映。②这既是中国精神的一般本质，也是甘祖昌精神的内在特质。这种精神便是我们继往开来、稳固根基的精神支撑。列宁曾指出："因人数少而力量薄弱，因灾难和贫困而疲惫不堪的我国无产阶级之所以取得了胜利，是因为它获得了精神力量因而变得强大有力。"③作为中国精神的重要组成部分，大力弘扬甘祖昌精神，可以为实现中华民族伟大复兴的中国梦提供更加强有力的精神支撑。

从理论上来说，国家精神反映一个国家在精神方面的整体风貌和基本状态，对国家的生存和发展至关重要。梁启超在《新民说》中写道："凡一国之能立于世界，必有其国民独具之特质，上自道德法律，下至风俗习惯、文学美术，皆有一种独立之精神，祖父传之，子孙继之，然后群乃结，国乃成。"④历史和现实表明，没有振奋的精神、没有高尚的品格、没有坚定的志向，一个民族不可能自立于世界民族之林。正如习近平总书记所强调指出的，"一个没有精神力量的民族难以自立自强，一项没有文化支撑的事业难以持续长久"。⑤近代以来，中华民族在日益严峻的生存危机面前逐渐觉醒，从立足个人到着眼国家发展、从差异性比较到内生属性探求，中国精神越来越成为实现民族独立、国家富强的强大精神支撑。

中国精神的提出和强调，就是要振奋起全民族的"精气神"，⑥很重要

---

① 《习近平谈治国理政》第二卷，北京：外文出版社2017年版，第47-48页。
② 张瑜：《中国精神的内涵、本质及其培育研究》，《文化软实力研究》2017年第1期。
③ 《列宁全集》第三十二卷，北京：人民出版社1958年版，第263页。
④ 梁启超：《饮冰室合集·专集之四》，北京：中华书局1989年版，第6-7页。
⑤ 中共中央文献研究室：《习近平实现中华民族伟大复兴的中国梦论述摘编》，北京：中央文献出版社2013年版，第39页。
⑥ 中共中央文献研究室：《习近平实现中华民族伟大复兴的中国梦论述摘编》，北京：中央文献出版社2013年版，第39页。

第四章
甘祖昌精神的历史地位和当代价值

的考虑就是为中华民族伟大复兴中国梦提供精神支撑和动力源泉。实现中华民族伟大复兴是中华民族近代以来最伟大的梦想。2012年11月29日,习近平总书记在参观《复兴之路》展览时发表了重要讲话,明确指出中国梦"凝聚了几代中国人的夙愿,体现了中华民族和中国人民的整体利益,是每一个中华儿女的共同期盼"。实现中华民族伟大复兴中国梦,要求我们不仅在物质上强大起来,而且在精神上强大起来。[1] 党的十九大明确指出,到21世纪中叶,把我国建成富强民主文明和谐美丽的社会主义现代化强国。这意味着,我国物质文明、政治文明、精神文明、社会文明、生态文明将全面提升。与此同时,党的十九大还明确把实现中华民族伟大复兴作为新时代中国共产党的历史使命。那么,如何担当历史使命,实现民族复兴?2013年3月17日,在十二届全国人大一次会议上的讲话中,习近平总书记明确指出:"实现中国梦必须弘扬中国精神。这就是以爱国主义为核心的民族精神,以改革创新为核心的时代精神。这种精神是凝心聚力的兴国之魂、强国之魂。"[2] 这就意味着,当代中国提出和强调弘扬中国精神,是以实现中华民族伟大复兴中国梦为中心的,是着眼于为民族复兴提供精神支撑。可以说,中华民族伟大复兴中国梦是中国精神的终极价值目标,中国精神是实现中华民族伟大复兴中国梦的精神纽带、精神依托。从这个意义上说,弘扬中国精神,是实现中华民族伟大复兴中国梦的强大精神支撑,也是实现中华民族伟大复兴中国梦的内在要求。

弘扬中国精神具有现实紧迫性。某种意义上说,没有精神的民族是庸俗的民族,没有精神的国家是没有希望的国家。只有以强大深厚的中国精神为底蕴的中华民族伟大复兴中国梦,才能成为引领整个国家奋斗

---

[1] 中共中央文献研究室:《习近平实现中华民族伟大复兴的中国梦论述摘编》,北京:中央文献出版社2013年版,第37页。
[2] 习近平:《在第十二届全国人民代表大会第一次会议上的讲话》,北京:人民出版社2013年版,第4页。

的理想蓝图。① 历史地看，我们党非常重视对中国精神的提炼和升华。毛泽东同志曾提出过"革命精神"的概念，他指出："人是要有一点精神的，无产阶级的革命精神就是由这里头出来的。"邓小平同志提出建设社会主义精神文明，指出："所谓精神文明，不但是指教育、科学、文化（这是完全必要的），而且指共产主义的思想、理想、信念、道德、纪律，革命的立场和原则，人与人之间的同志式关系，等等。"在邓小平同志看来，"搞社会主义建设，实现四个现代化，同样要在党中央的正确领导下，大大发扬这些精神"。江泽民同志对中华民族精神的内涵进行了界定："在五千多年的发展中，中华民族形成了以爱国主义为核心的团结统一、爱好和平、勤劳勇敢、自强不息的伟大民族精神。"胡锦涛同志提出社会主义核心价值体系，把以爱国主义为核心的民族精神和以改革创新为核心的时代精神作为建设社会主义先进文化的重要内容。当然，这些论述中并没有明确使用"中国精神"。党的十八大以来，以习近平同志为核心的党中央高度重视中国精神的弘扬。把中国精神作为一个特定概念，是在党的十八大以后明确提出的。自 2013 年 3 月提出和强调"中国精神"后，习近平总书记在不同场合，针对不同的对象，多次提出并系统阐释"中国精神"，不断丰富和充实中国精神的内涵，形成具有特定内涵和丰富内容的中国精神的思想。

  精神的力量是无穷的。中国精神是历史的、具体的，在革命、建设和改革各个历史时期，要不断丰富和充实中国精神的内涵，赋予中国精神以时代内涵和特定的精神内核，构筑起当代中国精神结构的框架。在这个过程中形成的甘祖昌精神，作为中国精神的重要组成，可以从国家、民族、个人不同层面产生重要影响，为实现中华民族伟大复兴的中国梦提供精神支撑。哲学与精神关乎我们要建设一个什么样的国家，一个什么样的文明，我们想成为什么样的人的问题。② 精神和文化对人本身构成

---

① 张汝伦：《哲学对话与中国精神的重建》，《中国高校社会科学》2016 年第 2 期。
② 张汝伦：《哲学对话与中国精神的重建》，《中国高校社会科学》2016 年第 2 期。

第四章 甘祖昌精神的历史地位和当代价值

具有特殊重要性，也对一个民族具有重要影响。从中国精神对民族复兴提供支撑的内在机制来看，有学者分析指出："中国精神作为一种思想体系，极具凝聚力和号召力，它提供无穷的精神驱动力，将观念、价值、理论、信念等渗透到人民群众之中，在中国精神的影响下，全体社会成员会形成统一的意志、目标和行动，并形成对社会的进一步认同，在全社会形成团结奋进、积极向上的氛围，促使全体中华儿女为当前的政治目标一同努力，为实现中华民族伟大复兴的中国梦而奉献一己之力。"① 从某种意义上说，这也是甘祖昌精神对中华民族伟大复兴中国梦提供精神支撑的内在机制。

甘祖昌精神蕴含着"实干"的精神，这是实现中华民族伟大复兴的中国梦所必需的精神动力。伟大梦想不是等得来、喊得来的，而是拼出来、干出来的。建成社会主义现代化强国，实现中华民族伟大复兴，是一场接力跑，我们要一棒接着一棒跑下去，每一代人都要为下一代人跑出一个好成绩。甘祖昌同志曾说："愚公能移山，贵在苦干、实干。否则，嘴上喊得再凶，也是鸡毛打钟——没用！"② 空谈误国，实干兴邦。实现中华民族伟大复兴，是一项光荣而艰巨的事业，需要每一个人付出艰苦努力，用实干托起中国梦。如果只是纸上谈兵而不真抓实干，再宏伟的蓝图都会落空，再美好的梦想也不可能成真。正因此，习近平总书记明确指出："面向未来，全面建成小康社会要靠实干，基本实现现代化要靠实干，实现中华民族伟大复兴要靠实干。"③ 弘扬甘祖昌精神，就是要让每一个人都从中汲取丰厚的精神滋养，让自己既做梦想家又做实干家，既要胸怀理想又要脚踏实地，把自己的事情做扎实，一步一个脚印地朝着梦想奋进。弘扬甘祖昌精神，有助于在全社会进一步形成真抓实干、埋头苦干的良好风尚，特别是要让广大领导干部带头发扬实干精神，出实策、鼓实劲、办实事，不图

---

① 张瑜：《中国精神的内涵、本质及其培育研究》，《文化软实力研究》2017年第1期。
② 彭霖山：《将军农民甘祖昌》，南昌：江西人民出版社2013年版，第61页。
③ 《习近平关于全面建成小康社会论述摘编》，北京：中央文献出版社2016年版，第187页。

虚名，不务虚功，以身作则带领群众把各项工作落到实处。

甘祖昌精神蕴含着"艰苦奋斗"的精神。人类的美好理想，都不可能唾手可得，都离不开筚路蓝缕、手胼足胝的艰苦奋斗。习近平总书记明确指出："在实现中华民族伟大复兴的新征程上，必然会有艰巨繁重的任务，必然会有艰难险阻甚至惊涛骇浪，特别需要我们发扬艰苦奋斗精神。""宝剑锋从磨砺出，梅花香自苦寒来。"中国人民是具有伟大奋斗精神的人民。中国人民自古就明白，世界上没有坐享其成的好事，要幸福就要奋斗。我们的国家，我们的民族，从近代积贫积弱一步一步走到今天的发展繁荣，靠的就是一代又一代人的顽强拼搏，靠的就是中华民族自强不息的奋斗精神。一切伟大成就都是接续奋斗的结果，一切伟大事业都需要在继往开来中推进。早在2013年3月17日，习近平总书记就明确指出："我国仍处于并将长期处于社会主义初级阶段，实现中国梦，创造全体人民更加美好的生活，任重而道远，需要我们每一个人继续付出辛勤劳动和艰苦努力。"习近平总书记还曾指出：抓改进工作作风，各项工作都很重要，但最根本的是要坚持和发扬艰苦奋斗精神。只有坚持和发扬艰苦奋斗精神，抵御"四风"的侵蚀，才能始终保持党同人民群众的血肉联系，重视践行党的根本宗旨。中国特色社会主义进入新时代，在前进道路上还会遇到许多难以预料的问题和困难。必须居安思危、艰苦奋斗，始终保持那么一股劲，那么一股革命热情，那么一种拼命精神，披荆斩棘、勇往直前。正如习近平总书记所指出的，"时间不等人！历史不等人！时间属于奋进者！历史属于奋进者！为了实现中华民族伟大复兴的中国梦，我们必须同时间赛跑、同历史并进"。

甘祖昌精神蕴含着"劳动精神"。"功崇惟志，业广惟勤。"劳动是财富的源泉，也是幸福的源泉。不管是物质财富的创造，还是精神价值的沉淀，离开了劳动，都只是空谈。习近平总书记明确指出："我们所处的时代是催人奋进的伟大时代，我们进行的事业是前无古人的伟大事业，我们正在从事的中国特色社会主义事业是全体人民的共同事业。全面建

第四章 甘祖昌精神的历史地位和当代价值

成小康社会，进而建成富强民主文明和谐的社会主义现代化国家，根本上靠劳动、靠劳动者创造。""幸福不会从天降，美好生活靠劳动创造。全面建成小康社会的奋斗目标，为广大劳动群众指明了光明的未来；全面建成小康社会的历史任务，为广大劳动群众赋予了光荣的使命；全面建成小康社会的伟大征程，为广大劳动群众提供了宝贵的机遇。"世间的美好梦想，只有通过诚实劳动才能实现；发展中的各种难题，只有通过诚实劳动才能破解；生命里的一切辉煌，只有通过诚实劳动才能铸就。从这个意义上说，实现中华民族伟大复兴中国梦，最终要靠全体人民辛勤劳动。劳动创造了中华民族，造就了中华民族的辉煌历史，也必将创造出中华民族的光明未来。必须牢固树立劳动最光荣、劳动最崇高、劳动最伟大、劳动最美丽的观念，让全体人民进一步焕发劳动热情、释放创造潜能，依靠辛勤劳动、诚实劳动、创造性劳动开创更加美好的生活。实现中国梦任重而道远，需要锲而不舍、驰而不息的艰苦努力。道路不可能一帆风顺，蓝图不可能一蹴而就，梦想不可能一夜成真。我们已经取得辉煌成就，离梦想从未如此接近。同时也要看到，行百里者半九十，距离实现中华民族伟大复兴的目标越近，我们越不能懈怠，越要加倍努力。只要一代又一代中国人勠力同心、不懈追求、接力奋斗，我们就一定能够到达中华民族伟大复兴的光辉彼岸。

甘祖昌精神蕴含着"实事求是"精神。实事求是，是马克思主义的根本观点，是中国共产党人认识世界、改造世界的根本要求，是党的基本思想方法、工作方法、领导方法。坚持实事求是，就要清醒认识和正确把握我国仍处于并将长期处于社会主义初级阶段这个基本国情，正确认识和把握我国社会主要矛盾已经转化为人们日益增长的美好生活需要和不平衡不充分的发展之间的矛盾，等等。实践反复证明，坚持实事求是，就能兴党兴国；违背实事求是，就会误党误国。新时代推进改革发展、制定方针政策，都要牢牢立足社会主义初级阶段这个最大实际，都要充分体现这个基本国情的必然要求，坚持一切从这个基本国情出发。任何超越现实、超越阶段而急于求成的倾向都要努力避免，任何落后于实际、无视深刻变化着的客观事实而因循守旧、故步自封的观念和做法都要坚决纠正。从这个意义上说，坚持实事求是，必须解放思想。只有解放思想，才能真正做到实事求是；只有实事求是，才是真正解放思想。实事求是永无止境，解放思想也永无止境。新时代弘扬甘祖昌精神，就要进一步解放思想、实事求是，坚持真理、修正错误，勇于变革、勇于创新，永不僵化、永不停滞，不断推进实践基础上的理论创新。马克思主义基本原理是普遍真理，具有永恒的思想价值，但马克思主义经典作家并没有穷尽真理，而是不断为寻求真理和发展真理开辟道路。新时代坚持和发展中国特色社会主义，全面深化改革，有效应对前进道路上可以预见和难以预见的各种困难与风险，都会提出新的课题，迫切需要我们从理论上做出新的科学回答。我们要及时总结党领导人民创造的新鲜经验，不断开辟马克思主义中国化新境界，让当代中国马克思主义放射出更加灿烂的真理光芒。

甘祖昌精神反映着高层次的道德标准和社会规范，在促进人的自由全面发展过程中具有重要作用。从这个意义上说，中国精神的重要性就体现为它在很大程度上决定了人和人的生活世界将成为何等样子。"它所承载的人物和事件，展现了人们改造自然界、改造社会以及改造人自身的积极成果，为人们提供了劳动能力发展的榜样示范；它所倡导的行为方式，鼓励人作为独立主体关注生产生活实际，广泛参与各领域各层次的社会活动，推动社会交往的丰富和社会关系的完善；它蕴含了中国人数千年来一直追求的完美形象和理想人格，有助于人们崇德向善、见贤思齐，形成具有自主性和创造力的独特个性；它既是历史传统和时代规范的浓缩，也是社会主流价值和正能量的凝结，引导人从低层次需要发展到高层次需要，构建包含生存、享受和发展等层次递进的需要体系。"① 然而，我们必须深刻地明白，精神是人们思维方式、行为方式、行为习惯的深化，来源于具体的

---

① 温静：《论中国精神对中国梦的价值意蕴》，《马克思主义理论学科研究》2017年第2期。

生活实践。倘若一旦离开人们具体的言行和行为方式的选择，精神的培养和传承就成为无根之木、无源之水。因此，践行甘祖昌精神需要从一点一滴做起，从小事做起，在落细落小落实上下功夫。

附录 I　甘祖昌同志生平

1905年2月23日，出生于江西省莲花县上西乡第二十七都桥头村（现坊楼镇沿背村）一个贫苦的农耕之家。

1911年，在舅舅的资助下，读了一年半私塾。

1913年，辍学后跟着父母从事农业生产。

1915年，开始跟着村里的大人当挑脚夫。

1917年，由父母做主，与湾前村陈卯姑结为夫妻（甘祖昌参加红军两年后，陈卯姑改嫁）。

1926年7月，参加乡农协工作。

1927年8月24日，加入中国共产党。

1927年11月，参加莲花赤色队，在打土豪中头部受伤。

1928年1月，筹办枪械修理所。4月，赤色队改编为莲花红色独立团。任莲花县独立团军需处处长，主要负责枪械所、红军医院、红军被服厂等后勤保障工作。

1928年8月，参加中国工农红军。先后任红六军团五十三团司令部司务长、湘鄂川黔省军区兵工厂代总务科长，红六军团补充团供给处主任、红六军团供给部材料科科长。参加了第一次至第五次反"围剿"的战斗。

1931年冬，奉命调往湘赣苏区红军兵工厂，任财政总务科科长，负责制订生产计划、采购原材料，兼会计、出纳，管理200多人的伙食。

1934年7月下旬，中共湘赣省委和湘赣军区接到中革军委要红六军团突围西移的命令。经过充分准备，红六军团于8月7日从遂川县突围，开始西征。当时，从兵工厂、子弹厂抽调100人，成立军工连，任副连长，随部队西征。先后任红六军团供给部材料科科长、补充团供给处主任。

附录 I　甘祖昌同志生平

1934年10月7日，红六军团在贵州石阡与国民党第十九师遭遇，一度被敌截断，主力被迫向东南转移。在石阡突围时受伤。

1935年2月，随红六军团开始二万五千里长征。

1936年10月，随部队完成万里长征。

1937年8月，红六军团改编为八路军第一二〇师三五九旅。任三五九旅供给部军需科长，先后参加了在晋西北、晋察冀等地的对日作战。

1939年，随部队调回陕甘宁边区，保卫党中央，参加南泥湾大生产。

1940年，负责在绥德南关外文砭村筹建大光纺织厂，次年建成投产，将生产的第一套毛呢衣服送给毛泽东同志。

1941年，被提任为三五九旅供给部副部长，参与领导组织南泥湾农业大生产和大光纺织厂的工作。

1944年冬，随部队孤军南征，至湘粤沦陷区开展游击战争，任供给部副部长。

1945年8月，南下支队奉命北返，编入中原军区第二纵队，任供给部副部长。

1946年6月26日，蒋介石撕毁"双十协定"，悍然向中原解放区发动进攻，内战全面爆发。中原军区部队奉命分左右两路向西突围。在突围中，南下支队被迫与主力分开，孤军作战，历经艰难困苦，行程27000多里，战斗90余次，牵制敌人大量兵力。8月底，南下支队胜利抵达陕甘宁边区。全队由南下时的5060人锐减为1893人，被毛泽东同志誉为"第二次长征"。

1946年11月，三五九旅东渡黄河，进入山西境内，补充兵员，归晋绥军区的建制，并与吕梁地区活动的四旅共同组成晋绥野战军第二纵队，任第二纵队后勤部部长。

1947年3月，随西北野战兵团第二纵队西渡黄河，保卫党中央。

1948年4月，任西北野战军第二纵队后勤部部长。

1949年1月，根据中共中央命令，西北野战军改称"第一野战军"，第二纵队改称为"第二军",任第二军后勤部部长。

1949年6月,第一野战军组建第一兵团,任第一兵团后勤部副部长,参加了解放大西北的战役。

1949年10月12日,随兵团机关等先头部队向新疆进军,历时三四个月,行程4000多公里,抵达和田、哈密、阿克苏和迪化等指定地点。

1950年,任新疆军区后勤部副部长兼供应部部长、财务部部长。同时,被政务院任命为新疆省人民政府财政经济委员会委员。

1951年1月30日,遭遇敌特阴谋设置的"车祸",头部严重受伤,留下难以治愈的脑震荡后遗症。

1953年,经组织介绍,和龚全珍结婚。

1954年7月,被组织上安排到内地治病,并在江西庐山修养半年,这是他一生中唯一一次赴外修养。

1954年12月,大女儿甘平荣出生。

1955年8月,被授予少将军衔,并荣获二级八一勋章、二级独立自由勋章和二级解放勋章。

1955年至1957年,连续三年向组织上报告申请要求回乡务农。

1956年12月,二女儿甘仁荣出生。

1957年,解甲归田,带着全家人回到故土,以普通共产党员的身份参加农村建设。夫人龚全珍也辞去了新疆军区八一子弟学校教务处副主任的职务。

1958年冬,开始改造冬水田试点,并带领全家开垦虎形岭改造红壤土。

1958年12月,三女儿甘公荣出生。

1960年,带领社员一起改造冬水田,并拿出自己在部队的全部积蓄近2万元买化肥奖励社队,在不到3年的时间里,沿背大队冬水田的80%得到了改良,实现了吃国家回供粮到上交国家公粮的转变。

1960年8月,小女儿甘吉荣出生。

1961年,带领全家历时三年多,使虎形岭治理取得显著成效。果树挂果后无偿交给了生产队。

1964年12月，当选为第三届全国人民代表大会代表。

1965年，带领村民修建快省陂，建起了沿背大队发电站和综合加工厂。

1966年8月，带领群众经过5个月艰苦奋战，建成浆山水库。

1966年初秋，带领百姓历时三个月建成"返修桥"。

1967年，在甘祖昌的支持下，江山发电站电机安装成功并正式发电，结束了坊楼公社村民用茶油灯照明的历史。

1969年4月，当选为中国共产党第九次全国代表大会代表。

1971年冬，坊楼公社屋场大队修建龙潭水库，亲自参加施工劳动。

1972年12月，当选为江西省第四届人民代表大会代表。

1973年冬，引进水稻杂交优良种试种成功，沿背大队粮食获得大丰收。次年，该优良种在全县得到推广。

1974年，修建田龙水库，出资1000元购买水泥。

1975年1月，当选为第四届全国人民代表大会代表。

1977年，《万里长征不歇脚——记红军战士甘祖昌》被选入"江西省二二制中学试用课本"语文初中第三册第十二课。

1977年12月，当选为江西省第四届政治协商会议副主席。

1978年2月，当选为第五届全国人民代表大会代表、常务委员会委员。

1978年12月，应邀列席党的十一届三中全会。

1985年10月30日，因病住进莲花县人民医院。

1986年3月20日，病危。

1986年3月28日，因病医治无效，在莲花县人民医院逝世，终年81岁。

1986年4月5日，莲花县委为甘祖昌同志举行了隆重的追悼会。《人民日报》编发讣告："甘祖昌同志是一位真正的共产党员，一名忠诚的共产主义战士。"

（资料来源：甘仁荣，《父亲甘祖昌》，江西教育出版社2019年版。）

附录 Ⅱ　老伴——听龚全珍讲甘祖昌的故事

一首民谣传唱至今——

世上有个白求恩，中国有个甘祖昌。将军不做当农民，有福不享爱劳动。有钱不用支农业，毫不利己专利人。

一位诗人由衷赞美——

人老雄心在，万难脚下踩。无私便无畏，一心为他人。祖昌精神在，全珍永继承。

一篇文章深情开篇——

雨淅沥沥沥下个不停，周围十分宁静。我默默地凝视着老伴的遗像，心潮翻滚。老了。这是80大寿时照的，头发已苍白，眼睛还是那样炯炯有神。嘴巴紧闭，有昔日严肃劲儿，但两颊还是现出了笑窝。笑得那样安详，那样纯朴，那样悠然自得。是会心的微笑，是胜利者的微笑。老伴，你完成了一个共产党员的应尽义务，轻松愉快地去了。

和老伴共同生活了33年，虽然他离开我已经27年了，但和老伴在一起的岁月，回想起来仍感到甜丝丝的。失去了老伴之后就更感到过去的日子是那样美好、幸福可贵。

一

春播时，我这一双穿惯了鞋的脚，叫我出尽了洋相。农忙时老师们都要参加劳动。我原以为这活并不太难，谁知脱下鞋去莳田时，这双脚就不听使唤了。小心翼翼挪动脚步，怕摔跤。老师们都飞快地向前，莳得又快又齐。我呢？被包围在中间动不得，人家莳了两三个来回，我一行还没莳完。

春天天气多变,一阵乌云遮天,雨点就噼噼啪啪打下来,大家一车风似的飞跑,避雨去了。我可为难了,那田间小路一走一滑,不小心就摔一跤,越是怕越走不出来。两位好心的老师急忙回来,左边一个右边一个扶着我,总算走出了稻田。

——摘自龚全珍日记

1957年,祖昌52岁,我34岁。一家人从新疆回到莲花县沿背村,祖昌由穿皮鞋的军区后勤部长变成田间地头的"赤脚大仙",早上赤脚出门,晚上赤脚回家。他不穿鞋,孩子们也一律不准穿鞋。这是什么规矩?讲节约把鞋都省了?我茫然望着这一群"赤脚大仙",不能理解。星期日下午我返校时,老二仁荣向我告状:"爸爸变坏了!"

"噢?怎么个坏法?"

"他不准我们穿鞋,说是要练脚。给我们每人买了个粪箕,每天捡粪,爸爸说肥多粮才多。他捡得真快!我们还没捡上半箕,他就捡满了一箕。他一早上能捡四五箕。他告诉我们狗屎最肥,猪屎第二,牛屎差一些,妈妈你看,这里有这么多狗屎,我去告诉爸爸到这里来捡。"说着就跑了。

一个月前还是新疆城里娃,吃糖都要挑高级的,现在居然变成了江西乡下孩子。望着女儿的背影,回想春播的尴尬,我感慨万千,也若有所悟:赤脚不是为了省鞋,在乡下,不会赤脚走路就无法参加生产劳动。我后悔没早些跟祖昌一块练脚,假如和孩子一块练,也不致出洋相。

沿背村的人说:"你们不认得甘将军吗?好认!瘦高个子,腰板笔直,拿一根没烟嘴的烟筒。袖口有补丁,膝盖屁股的地方也有补丁,一双赤脚,走路飞快,你看到这个人,不用问,就是甘祖昌!"

祖昌跟我讲过一件小事。1962年,他去南昌开会,到胶鞋厂参观,问工人:"听说现在用的原料是海南岛出的橡胶,质量怎样?"工人说很好。祖昌说:"那就好极了,我们就要靠自己的原料嘛。"他又问33码以下的小胶鞋能不能生产。工人说还没有模子,生产不出来。祖昌说:"造小胶鞋是个大事,孩子们冬天没有胶鞋,引起关节炎,问题就严重了。"两年后,这个厂生产出了小胶鞋。

二

那3条厚裤被压得很皱,应该请干洗店清洗一下。一问,洗一条要3元,太贵。我问熨一下多少钱。一条1元。我请店里熨了。南岭小学几次要我去讲祖昌艰苦奋斗的故事,答应他们明天讲。中午在他们学校吃午饭,这是我最怕的事。自己带点面条请他们加工。

党支部来慰问,送来一个红包40元。我想:去年是20元,今年是40元。钱不多,但沉甸甸的。我一年交60元党费,反馈给我40元,我这个共产党员真有愧呀!我想,以后我每月要交50元为社会公益事业献爱心。

到县政府大会议室听报告,关于保持共产党员先进性,这个学习活动终于落实到离退休的老党员中了。这个学习确实万分重要,因为有些党员忘记了共产党的宗旨、奋斗目标,一味追求物质享受,唯利是图、吃喝玩乐成为他们的人生目标。

——摘自龚全珍日记

我常梦见祖昌。来了客,要去买肉,祖昌只掏出1元钱,这点钱买得到什么东西呢?就醒来了。

他的战友当面叫他"甘部长",背后都叫他"铁公鸡"。物资紧缺时期,他这个做后勤部长的,不精打细算怎么行?第二次国共合作初期,祖昌常到西安购置部队生活用品,出差回来报销伙食费,每天不超过一角钱。同去的老张比他多出两倍,组织上找祖昌了解情况。祖昌说:"我和老张不同,我饭量小,一顿两个馒头就够了。而且我是南方人,在家炒了一罐辣椒,夹在馒头里就不用买菜,老张是北方人,要吃一点蔬菜。我吃了馒头喝点水就行了,老张爱喝点稀饭。这样加起来就比我多了。"

附录Ⅱ 老伴——听龚全珍讲甘祖昌的故事

他到北京开会，上车前一碗面，车上一碗面，下车一碗面，三碗面到北京，次次如此。有一年，他了解到一个水稻优良品种叫"清江早"，生长期只有70天，很兴奋："全县有1万多亩秧田，如果种'清江早'正好赶上种晚稻，亩产五六百斤，就可增产五六百万斤。"他问什么地方有"清江早"，技术员说在清江县（后改为樟树市）农科所。祖昌说："马上走！"技术员问："清江火车站离县城七八里路，要不和县委联系一下，请他们派个车？"祖昌说："七八里算什么？走着去！不能联系，联系了就给人添麻烦！"那天下着蒙蒙雨，祖昌的布鞋沾满了湿泥巴，他索性脱掉鞋子提在手上走。

老大平荣在部队做护士，我想把我的手表给她。征求祖昌意见，他说："不用管。我四一年才开始戴表，她才当几天兵就戴表？"我说分工不同，当护士要打针、量体温、测脉搏，都离不开表。他说："她不会到办公室看吗？办公室还能没有钟？"

平荣要结婚，看中了一套家具。我跟祖昌商量，祖昌说："我只给200块。"

"200块钱好干什么？"我说。

他跟我算账："你想想，我一天有11.35元，你一天也有1.9元，哪个农民有这么多钱？要是认为这是命好，应当得，就错了。这是人民的，应当用在正道上，不能浪费。"

我说："我们结婚20多年，从没为钱争吵过，你要怎样安排就怎样安排。我想买个橱，你不同意；买一套刀剪，你也不同意。我的收入包家用，你的钱支援国家建设，我没意见，但孩子要结婚，帮他们置办点家具，这算不得浪费。"

祖昌说："我只有400块钱存款，你取出来给她200（块钱），家里留200（块钱）过年。"

"200块钱好干什么呢？"我又苦笑起来，"家具大概要600块，被褥100块不够，给她700（块钱）吧！"

"我没有钱。"一句话挡了回来。

我算了一下，我们为集体捐了85000多元，我不但贴了工资，连银行利息也都贴进去了。

三

今天到幸福院报到，向院长说了来意，要求当义务服务员。自己买台洗衣机为老人们洗衣，缝补衣物。我到幸福院来安度晚年，这条路是祖昌指的，我也认为很合适。我将为祖昌的战友和他们的家属服务。幸福院旁边是琴亭小学，我还要为孩子们多做点事。

外孙金锋从深圳打工回来3个多月，我们一直没有深谈过……他终于得到上班的机会了。他的心情与我的期望相同：不论哪个单位，什么工作，都愿意接受。对金锋的就业问题，我和金锋都讲现实，既然学校缺老师，当老师是最好的选择。我希望他能珍惜这份工作，并能努力学习，做好这项工作。

——摘自龚全珍日记

可能因为祖昌是军人吧，女儿们小时候都想当兵。那时不在莲花招女兵，平荣要祖昌给新疆军区写信，争取一个女兵名额。祖昌脸一拉："征兵是有严格的计划和要求的，不能开后门，搞不正之风。"1972年，有女兵名额了，平荣自己去报名，但体检时右眼视力偏低，取不了。祖昌不但不去讲情，还跟人武部说："她视力确实不好，右眼只有0.5。"

好在平荣品学兼优，被学校推荐入伍了。4年后，老三公荣满18岁，一个人跑到人武部报名。一体检，什么都好，就是脚不行。负责招兵的同志告诉她："你是平足，不合格。"

公荣想不通，怎么是平足呢？她回家叫我脱袜子，我莫名其妙。她把我左脚板翻过来看看，又把右脚板翻过来瞧瞧，说："奇怪了，妈妈不是平底脚。爸爸肯定也不是平底脚，不然的话，他走路怎么那么快？"

是啊！祖昌那时也70多岁了，年轻人和他一同走路还要紧追慢赶。

村里人谁不知道，祖昌不到10岁就到萍乡做挑工；参加革命后，到永新、茶陵、莲花一带收破铜烂铁做子弹。不是那双铁脚板，哪能一次又一次在枪林弹雨中穿行！

晚上，祖昌从地里回来，公荣提起爸爸的脚看了一下，大声叫："呀！爸爸是平底脚！"

祖昌说："平底脚怎么了？你能走得赢我？"公荣那个委屈啊，说："就是因为我遗传了你的平底脚，去当兵，人家说不合格，不收我。"祖昌说，现在当兵要求严格，女兵更是百里挑一，不收平底脚是对的。平底脚走路慢，走多了脚痛。可是如果不怕苦，勇敢锻炼，照样能练成个铁脚板。"像我这双脚，别说碎石子扎不破，就连玻璃碴、铁钉子也扎不破。"他越说越得意，但为公荣疏通关系的事，只字不提。公荣的参军梦就没有实现。

回江西前，我在新疆军区八一子弟学校当老师。1957年初，我提出已离开山东老家15年了，想回烟台探亲。祖昌说："好嘛，不过今年夏天我们要回江西了，你要办好离职手续。"

我惊呆了。翻看祖昌的日记，里面夹了3张请求回乡劳动的报告，从1955年到1957年，每年一张。上面写着："自1951年我跌伤后患脑震荡后遗症，经常发病，不能再担任领导工作了，但我的手和脚还是好的，我请求组织上批准我回农村当农民，为建设社会主义新农村贡献力量。"

我的心在颤抖。他回去当农民，我去干什么？我问："你们家乡有学校吗？"

祖昌说："你问得真怪，全国都有学校，我家乡为什么没有？"

我又问："你们那里的学校缺老师吗？"

"这个我不知道。"他看着我，"噢——，你是怕回去没工作，没饭吃吗？你只能当拿工资的老师吗？正规学校不要你，就不能当义务老师？你就不能帮群众扫盲？！"

我想起同事给我出的主意：让他先走，过一年半载，等他给我联系好了工作，我再去。没想到我话还没讲完，他的脸就拉了下来："要走就一起走，考虑那么多干什么？"

祖昌回到了莲花，就像雄鹰回到了天空，脸上总是挂着情不自禁的笑。我呢？突然变成了"外国人"：我讲话，家里人瞪着眼睛看；他们讲话，我也听不懂。有生以来第一次见到稻田，白天大人们出去干活了，我却不知该干什么。连话都互相不懂，还扫什么盲？想来想去，我只有到县文教局去碰运气了。跟祖昌一说，他说："好嘛，你自己去找吧！"因为做好了被分到离家更远的学校的准备，我背着被子和几件衣服，步行了40多里路，到了县文教局。

正好，坊楼刚开办了一所中学，缺老师，我就去教书了。

11年前，我遇到一位年轻人，他说："甘祖昌苦了一辈子不抵。他还叫崽女务农，真是糊涂。"我反驳说："他的物质生活虽俭朴艰苦一点，但精神却十分丰富充实。"他说："精神管什么用，现在谁还讲精神，捞到了实惠就是好。"这是对祖昌的误解。他从来没有反对孩子们升学、就业，但必须凭自己的本事，不能要求组织上照顾。

祖昌没为儿女做什么，但他所做的是为大家的儿女造福，自己的儿孙也在其中了。

四

小结前两个月学习情况，感到很惭愧，自认为坚持早上自学一两个小时，头脑里就算有了毛泽东思想，现在检查一下，真是差得太远。堵了个"防空洞"（工作困难时想调动），参加了一点劳动（也是别人带动的），这就叫"完全""彻底"为人民服务了吗？

反省一下自己，对政治学习不太重视。近年来，更有倚老卖老的思想，认为自己年过八十，虽比不上英模，思想水平也不算低，马马虎虎过日子也还说得过去。对照党对共产党员的要求，实际上就是过不去。为什么入党？为共产主义事业奋斗终生！共产主义实现要经过漫长的阶段，为了实现这一宏伟目标,必须从我做起,从点滴对人民有益的事做起。凡是对人民有益的事必须做。

——摘自龚全珍日记

1928年秋,祖昌刚当上红军,组织上就派他到井冈山学习,听毛委员讲课。接到通知,他激动万分,收拾东西立马上路。那时已是下午,再快当天也到不了井冈山,同志们劝他第二天动身。他哪管这些,巴不得长上翅膀往山上飞。第二天下午2点上了井冈山,一位办事员带着他来到八角楼。毛委员起身说:"来了?很好,你叫什么?"祖昌站得笔直,说:"甘祖昌,红军战士甘祖昌!"毛委员大声笑起来,说:"你是江西老表,莲花人对吗?我们去年9月到了莲花,听说你们是一支枪闹革命起家的,现在怎么样了?"又问:"你认字吗?"祖昌说:"只上了一年半私塾,认得些字。"毛委员说:"不错,参加革命了,要不断学习。这次办干部训练班,就是为了提高干部的马列主义水平。可是敌人不让我们学,又来捣乱了,训练班只好改期了。"

这次谈话对祖昌影响很大。我们刚认识时,他这样自我介绍:48岁,有过婚姻和孩子,还有脑震荡后遗症、气管炎、肺气肿,等等。紧接着就说:"我的学习嘛,也是乱弹琴。闲下来就学一点,忙起来就丢了。我们要坚定地信仰马列主义、毛泽东思想,这是我们工作生活的指南,离开了就行不通。"

结婚后,祖昌脑震荡后遗症更加严重,军区让他疗养,学校也放了假,我去陪他。那段时间是我们最幸福的时光。早饭后我们坐在树荫下学习《毛泽东选集》。我看书速度快,3天就把第一卷看完了。

祖昌惊讶地问:"看完了?"

我得意地说:"假如是小说,我一天就能看完。"

祖昌严肃地说:"你不能像看小说那样看毛主席著作,要边看边想问题。你看出什么问题吗?"我感到奇怪,说没看出来。他当起老师来了:"问题可真不少,你以为革命像吃饭一样容易吗?你看《井冈山的斗争》

就是记录了我们红军在大革命时期的成功经验和失败教训……光看不行，看过后要对照中国实际去想，才能弄清问题。"嚄！学问真多。我只得又从头看起，碰到搞不清的问题，就叫他讲当时的情况。他学得十分认真，碰到不认识的字，就问我读音、字义和用法。"我的学习也是乱弹琴了。"这叫乱弹琴吗？他是我学习马列主义著作的启蒙老师啊！

五

怎样才算"完全""彻底"为人民服务呢？我应当做到：发现思想问题不过夜、及时谈；深入群众，做好调查研究工作。

与妇女主任冰娇半天走访了8家群众。冰娇这位女同志待人真诚，和群众关系友好。她这辈子也是苦过来的，丈夫去世10多年，她带着3个未成年的儿女够艰难的。调查的目的是解决问题，还要请教她解决问题的办法。

——摘自龚全珍日记

祖昌21岁时就在兵工厂做采购。1932年，他生病回家休息，乡里反复做他思想工作，要他当肃反主任。才当两天，省里来了一位领导，问祖昌："你们乡杀了多少AB团？"甘祖昌说："一个都没杀。"来人瞪大眼睛，拍桌子说："一个没杀，要你这个肃反主任干什么？！"甘祖昌反驳说："我们正在调查，要有证据，没证据能乱杀人？"来人说："有人检举就行，要什么证据？！我看是你有问题！"说完拂袖而去。祖昌不能理解，病没好就连夜回兵工厂了。

1967年一个周末，天已黑了，我从学校回家，看到祖昌正跟沿背大队政治队长刘金林聊天。刘金林说："建桥的水泥买了八吨半，是井冈山牌的。"祖昌说"好"，忙记到笔记本上。刘金林说："社员干劲很足，晚上干到7点钟才散工。"祖昌说："现在天气冷，散工不要太迟，晚上风大，把皮都吹裂开了不好，要关心群众的生活，越是忙越要注意这一点。"提到积肥，祖昌的兴趣来了。他说："今年你们的思想摆对头了，红花长得不错，特别那一丘烂泥田的红花，长得特别出色。"祖昌喜欢和群众打成一片，既了解了情况，又加深了感情。

祖昌带领村民建浆山水库，毛仔对祖昌说："建水库好是好，就怕不牢靠，一条河从中拦断，发一场大水还不要冲垮？"祖昌说："垮不了，是钢筋水泥的。"水库建成了，毛仔走到水库上，用烟袋锅敲了敲大坝说："这家伙比石头还硬，确实冲不垮。"县里一个管水利的干部，说浆山水库是"包饺子"——里面泥巴外面包一层水泥，最多3年寿命。这么多年过去了，浆山水库完好无损。这是对那些不调查不研究、关在房子里做官当老爷的人的最好回答。

20世纪70年代初，一位大领导来到莲花。他在县三级干部大会上做报告，批评莲花人懒，不肯种矮禾："禾越矮越好，越密越好。"讲完后要祖昌表态，祖昌摇头摆手不吱声。回沿背村的路上，这位领导问："甘部长，你为什么不讲讲话？莲花的干部群众太懒了，这不对吗？"

"不能一概而论，都是懒人，就没饭吃了。这几年莲花的粮食产量还是逐年增长的。"祖昌说，"你对农业生产方面的问题可能摸得少，矮秆化也有个限度，越矮越好，假如只有一寸高，谷子结在泥巴里吗？越密越好，水稻的生长需阳光空气，太密了，只长草不结谷……这是科学，所以我不能同意你的意见。"

六

我去问评议党员的事，拿了一份表格，要填，真难哪：我够党员水平吗？近年来，我明哲保身的思想越来越严重，遇事怕困难，怕求人，越来越缺乏共产党人的精神了。

萍乡市送给我一个大奖章，称我是"老共产党员、老功臣"，受之有愧。人生应有理想、有追求、有希望。我过去有，但年纪大了，特别是老伴去世后，淡忘了理想、追求，近年来又有了等待回归自然的想法，所以暮气沉沉，不符合共产党员的要求，感到惭愧。

——摘自龚全珍日记

祖昌常对家人说："大家争着要的东西，我们不要；人家不要的，我们要。"

1955年，八一子弟学校评级，少数人有些意见，闹情绪不上课。那时我是教务处副主任，感到问题棘手。周末回家，向祖昌请教办法。

他问："你对评你连级有意见吗？"

我说："没意见。"

祖昌话头一转，说："我对我的级别有意见！"

啊？我瞪大眼睛看他。只听他说："有意见，有蛮大的意见！评级别是根据德、才、资3条，军区给我评了师级，我怎么够得上师级的条件呢？你们学校有个老管理员吧？"

我说有，还是个老红军。祖昌竖起大拇指："他的资格可老呢！他参加过湖南平江农民暴动，是跟着毛主席上井冈山的。他现在是什么级？"

我说："连级。"

"是啰！"祖昌说，"还有你们的总务主任老周，他也是老红军，是劳苦功高的老同志，二万五千里长征，他背金子、银圆，几万部队的伙食费都在他身上背着。白天背着行军打仗，晚上还要背着睡觉，一直背到陕北。他现在是什么级？"

我说："营级。"

"是啰！所以，和他们比，我评个连级也就够了，顶多评个营级。可是军区给评了个师级。到中央批，又批了个准军级回来！我能没意见吗？我又向中央提意见了。"

噢！他是嫌太高了。是的，和我的同事比，我只能当个战士，从头学起。可我评了连级，竟然心安理得！自己的思想、觉悟岂不太低了吗？我一遍遍想着。我和祖昌的思想距离还是很大的，我的思想境界是很低的。

一段对话表露心声——

附录Ⅱ 老伴——听龚全珍讲甘祖昌的故事

记者：您和甘将军吵架吗？将军说过爱您的话吗？

龚全珍：他虽不像知识分子那样温情，但他爱得灼热，他承认我为他付出的一切。我们对生活要求不高，为理想可以贡献出一切。他最文明的话是"愿天下有情人都成眷属"。对我最高的表扬是"我能活到80多岁，与老伴的关怀分不开"。

记者：您跟着甘将军在穷山村一过就是几十年，不后悔吗？

龚全珍：我一点也不后悔。虽然我没有得到物质上的享受，我的精神生活却是很丰富的。作为他的妻子我得到了很多荣誉，我觉得光荣。

（来源：《江西日报》2013年7月12日B2版 任辛、江仲俞）

附录Ⅲ 并蒂莲花，暗香盈世
——甘祖昌将军和夫人龚全珍的故事

清明时节的江西莲花玉壶山，白雾弥漫，气温微凉。

甘祖昌老将军的墓前，一位头发花白的古稀老人，颤抖着身体，刻满褶皱的脸庞上，淌下两行泪。

老人叫龚全珍，曾陪伴甘祖昌老将军走过33载人生路。如今，这对革命伉俪已天人相隔31年。

泪水里，写满了怀念与哀思，写满了风雨和故事……

这是两个截然不同的人生起点。

他，1905年出生在赣西边陲一个叫沿背的小山村。上了一年半的私塾后，他不得不辍学回家，放牛、打草，挑着担子来回走几十里山路，挣几毛钱脚力费维持全家生计。

她，1923年出生在山东烟台一个唤作平安里的巷弄。争气的她顺利初中毕业，并考上了市立女中上高中。

这是两份不约而同的革命情怀。

他参加农民协会，在1927年8月入了党。化名李伟民的特派员方志敏1927年来到莲花，召开群众大会，更加点燃了他心中的革命之火。

在县里当交通员、土改委员会主任、独立团军需处长，跟随红军参加长征、抗日战争、解放战争……从井冈山下的乡村起步，他的革命足迹遍布大半个中国，到达了地处西北的新疆军区。

她瞒着母亲辍学，在19岁的时候剪短头发参加革命，成为一名流亡学生。

一路流亡抵达陕西，1945年，抗日战争终于取得胜利，她也被西北大学教育系录取。新中国成立那一年，大学毕业的她参了军、入了党，响应号召来到边疆，在新疆军区八一子弟学校当了一名老师。

这是两位相互依偎的同志伴侣。

一位是（任）新疆军区后勤部长的甘祖昌，一位是（任）八一子弟学校老师的龚全珍。从赣西农村到胶东半岛再到天山脚下，两条相隔千里的生命轨迹，竟然神奇地交织在了一起。

1953年，两位饱受战火和岁月磨难的战友，以革命为媒，终于成为将相守一生的同志伴侣。

天有不测风云。1951年，甘祖昌乘坐的吉普车从一座被敌特分子锯断的木桥上栽下，他的上唇裂成三瓣，下巴脱落。

彼时，他落下了严重的脑震荡后遗症，脑部内还留存着大块的淤血。只要稍微一用脑，甘祖昌就会头晕头痛，甚至昏倒。

眼看着没法再在领导岗位上工作，甘祖昌给组织写了申请，请求回江西农村。

申请交了两次，组织最终同意了。

作为妻子的龚全珍，虽然心中有疑问、有犹豫，但依然选择跟着丈夫回到江西莲花的小山村。

将军当农民？！这件事情在各方引起了轰动。

没有做任何解释，甘祖昌于1957年8月，带着全家大小12人回到了阔别30多年的沿背村。

"甘将军真的当农民了。"村民们每天见到的甘祖昌，光着脚丫子，身穿粗布衣，腰系白汗巾，手拿旱烟杆，一副典型的老农形象。大家亲切地称他为"祖昌兄弟""祖昌伯伯"。

从将军到农民，对甘祖昌来说，是身份和心灵的回归。

当年，他为了解放劳苦大众，告别母亲和家乡，走上革命道路。长征路上，同村战友约好，革命成功后，一起回家搞建设，让乡亲们过上好日子。

如今,革命取得成功,几名乡友只剩他一人。曾经相约的誓言让心中的乡愁越酿越浓,那颗思乡的赤子之心不停地在胸膛跳动——他终于回到魂牵梦绕的家乡,闻到了那熟悉的泥土味。

怀揣着宏伟抱负,甘祖昌开始在家乡大展身手。

他亲自下田,用双手一抔一抔捞烂泥,带领乡亲们把200多亩冬水田改造成了良田;他跟工友吃住在工地,和年轻人一起挑水泥、运材料,修建起了江山陂;面对荒山,他动员大家撒石灰、盐巴、烧茅草、烟叶秆,再堆上烟囱里的黑灰,出工钱、出材料,改变土壤酸碱性,把"光头山"变成了丰收岭……

修水陂、建桥梁、办企业……半个世纪过去,甘祖昌当年留下的一项项利民工程仍然在发挥着重要作用。经历过那个年代的村民们常常回忆道:"当年我们沿背村就是莲花县的'华西村'。"

让村民们慢慢地富裕起来——甘祖昌的理想得以成为现实,这位农民将军,在服务农民中,实现了人生最大的价值。

对于龚全珍来说,她无法在农业上帮到丈夫,但通过教书育人的方式,和丈夫一样实现了为乡亲服务的愿望。

在学校里,面对山村里的孩子,龚全珍是既当老师,又当妈妈;既要教他们读书,还要带他们劳动。

几十年下来,龚全珍早就记不清,她劝回过多少辍学的孩子,又为多少学生交了学费。

1986年,甘祖昌老将军永远地离开了。弥留之际,他交代老伴:"领了工资,买了化肥农药,送给……贫困户……支援农业建设……"

除了这句遗言,甘祖昌并没有给家人留下什么,他几乎所有的钱,都用在了农村建设上。

龚全珍深深地知道,农村有丈夫未竟的事业:"老伴,你到另一个世界去了,我还要在这个世界上,继续我的征程。"

她成立"龚全珍工作室",带着整理的资料,到社区、部队、学校,言传身教进行革命传统教育。

谁家有人生病看不起、谁家孩子大学缺学费,她都掌握得一清二楚,一家一家把慰问金送到人家手中。孤寡老人过冬缺衣少服她会记得,留守儿童缺乏关爱她会关心。

生命不息,奉献不止。前行的道路上,龚全珍一直把丈夫当作榜样。站在墓前,龚全珍喃喃自语:"祖昌,我们一定按照你的教诲,老老实实做人、勤勤恳恳做事。"

(来源:新华社南昌 2017 年 8 月 2 日电　记者　曾涛、陈曦)

参考文献

1.《马克思恩格斯全集》第一卷,北京:人民出版社1995年版。

2.《马克思恩格斯全集》第三卷,北京:人民出版社1960年版。

3.《马克思恩格斯文集》第1、2、9卷,北京:人民出版社2009年版。

4.《方志敏全集》,北京:人民出版社2012年版。

5.《毛泽东选集》第1—4卷,北京:人民出版社1991年版。

6.《毛泽东文集》第3、7卷,北京:人民出版社1999年版。

7.《刘少奇选集》上册,北京:人民出版社1981年版。。

8.刘少奇:《论党的建设》,北京:中央文献出版社1991年版。

9.《周恩来选集》下卷,北京:人民出版社1984年版。

10.《邓小平文选》第1—2卷,北京:人民出版社1994年版。

11.《邓小平文选》第3卷,北京:人民出版社1993年版。

12.《江泽民文选》第1—3卷,北京:人民出版社2006年版。

13.《胡锦涛文选》第1—3卷,北京:人民出版社2016年版。

14.《习近平谈治国理政》,外文出版社2014年版。

15.《习近平谈治国理政》第二卷,北京:外文出版社2017年版。

16.《习近平谈治国理政》第三卷,北京:外文出版社2020年版。

17.习近平:《论坚持党对一切工作的领导》,北京:中央文献出版社2019年版。

18.习近平:《决胜全面建成小康社会 夺取新时代中国特色社会主义伟大胜利——在中国共产党第十九次全国代表大会上的报告》,北京:人民出版社2017年版。

19.习近平:《在庆祝中国共产党成立95周年大会上的讲话》,北京:

人民出版社 2016 年版

20. 习近平：《在全国党校工作会议上的讲话》，北京：人民出版社 2016 年版。

21. 习近平：《做焦裕禄式的县委书记》，北京：中央文献出版社 2015 年版。

22. 习近平：《在第十二届全国人民代表大会第一次会议上的讲话》，北京：人民出版社 2013 年版。

23. 习近平：《向龚老前辈致敬》，《人民日报》2013 年 9 月 27 日。

24. 习近平：《青年要自觉践行社会主义核心价值观——在北京大学师生座谈会上的讲话》，《人民日报》2014 年 5 月 5 日。

25. 习近平：《在第十三届全国人民代表大会第一次会议上的讲话》，《人民日报》2018 年 3 月 21 日。

26. 习近平：《在"不忘初心、牢记使命"主题教育总结大会上的讲话》，《人民日报》2020 年 1 月 9 日。

27.《习近平在参加内蒙古代表团审议时强调　保持加强生态文明建设的战略定力　守护好祖国北疆这道亮丽风景线》，《人民日报》2019 年 3 月 6 日。

28. 中共中央文献研究室：《习近平实现中华民族伟大复兴的中国梦论述摘编》，北京：中央文献出版社 2013 年版。

29. 中共中央文献研究室：《习近平关于协调推进"四个全面"战略布局论述摘编》，北京：中央文献出版社 2015 年版。

30. 中共中央文献研究室：《习近平关于全面建成小康社会论述摘编》，北京：中央文献出版社 2016 年版。

31. 中共中央纪律检查委员会、中共中央文献研究室编：《习近平关于党风廉政建设和反腐败斗争论述摘编》，北京：中央文献出版社 2015 年版。

32. 中共中央宣传部：《习近平总书记系列重要讲话精神读本》，北京：学习出版社 2016 年版。

33. 中共中央宣传部：《习近平新时代中国特色社会主义思想学习纲要》，北京：学习出版社、人民出版社 2019 年版。

34. 王刚、李懋君：《长征精神》，北京：中共党史出版社 2017 年版。

35. 彭霖山：《将军农民甘祖昌》，南昌：江西人民出版社 2013 年版。

36. 陈天声主编：《莲花县志（1988—2002）》，北京：方志出版社 2004 年版。

37. 龚全珍：《我和老伴甘祖昌》，南昌：江西教育出版社 2014 年版。

38. 刘南方：《将军级农民：甘祖昌传》，北京：解放军文艺出版社 2008 年版。

39. 江西省新四军暨华中抗日根据地历史研究会编：《江西新四军人物传（上）》，南昌：江西教育出版社 2006 年版。

40. 新疆军区编：《一代风范：将军农民甘祖昌》，乌鲁木齐：新疆大学出版社 2002 年版。

41. 王化明：《转战三千里 丹心图报国——甘祖昌运筹"粮食"、"银圆"大战》，乌鲁木齐：新疆大学出版社 2002 年版。

42. 江西人民出版社编：《万里征途不歇脚——记红军老战士、共产党员甘祖昌》，南昌：江西人民出版社 1975 年版。

43. 甘仁荣：《父亲甘祖昌》，南昌：江西教育出版社 2019 年版。

44. 林放：《世象杂谈》，上海：上海文化出版社 1984 年。

45. 蒋秋生：《卷潮求索录》，南昌：江西人民出版社 2008 年版。

46. 梁启超：《饮冰室合集·专集之四》，北京：中华书局 1989 年版。

47. 林木：《将军农民甘祖昌》，《党史博览》2004 年第 5 期。

48. 吴潜涛：《弘扬和践行中国精神》，《北京教育：德育版》2015 年第 1 期。

49. 辛向阳、陶利江：《共产主义理想是实现中华民族伟大复兴的强大精神力量》，《思想理论教育导刊》2016 年第 4 期。

50. 柳礼泉：《论坚持艰苦奋斗与实现远大理想的统一》，《科学社会主义》2008 年第 1 期。

51. 李崇富等：《弘扬艰苦奋斗精神 推进党的作风建设》，《马克思主义研究》2003 年第 1 期。

52. 马欣欣、周向军：《论习近平关于中国精神的三个基本问题》，《甘肃社会科学》2016 年第 1 期。

53. 胡海波：《中国精神的实践本性与文化传统》，《哲学研究》2015 年第 12 期。

54. 王炳林、房正：《关于深化中国共产党革命精神研究的几个问题》，《中国高校社会科学》2016 年第 3 期。

55. 卢黎歌等：《试论中国精神谱系中的"西迁精神"及其教育价值》，《思想教育研究》2018 年第 3 期。

56. 刘志兵：《中国共产党人的红色基因》，《前线》2018 年第 7 期。

57. 张瑜：《中国精神的内涵、本质及其培育研究》，《文化软实力研究》2017 年第 1 期。

58. 侯惠勤：《实事求是是创造新的历史伟业的思想保证》，《马克思主义研究》2019 年第 10 期。

59. 张汝伦：《哲学对话与中国精神的重建》，《中国高校社会科学》2016 年第 2 期。

60. 温静：《论中国精神对中国梦的价值意蕴》，《马克思主义理论学科研究》2017 年第 2 期。

61. 佘双好：《习近平关于中国精神重要论述的现实意义》，《马克思主义理论学科研究》2019 年第 2 期。

62. 唐志龙：《共产党人家风建设的三重视阈》，《学习论坛》2020 年第 2 期。

63. 张茂泽：《中华优秀传统文化的奋斗基因》，《北京日报》2018 年 3 月 12 日。

64. 刘勇：《"把甘祖昌将军的革命精神发扬光大"——强卫走访看望甘

祖昌夫人龚全珍》,《江西日报》2013年4月2日。

65. 刘勇:《"我们都来弘扬甘祖昌精神,就没有做不好的事"——鹿心社瞻仰甘祖昌旧居并看望龚全珍》,《江西日报》2016年9月13日。

66. 刘奇:大力弘扬革命传统传承红色基因 持续深化作风建设造福老区人民,《江西日报》2018年6月12日。

67. 任仲平:《凝聚当代中国的价值公约数——论培育和践行社会主义核心价值观》,《人民日报》2015年4月20日。

68. 孙兰英:《把家风建设摆在重要位置》,《人民日报》2016年2月19日。

69. 苏敬装:《传承红色基因汇聚复兴伟力》,《学习时报》2020年3月23日。

70. 黄献国、尹沛:《淡泊名利,轻装前行》,《中国国防报》2019年7月10日。

后 记

　　伟大时代呼唤伟大精神，崇高事业需要榜样引领。甘祖昌精神是中国共产党带领人民进行伟大社会革命的进程中形成的中国共产党精神谱系中的重要精神形态和宝贵精神财富，具有永不褪色、跨越时空的价值。2018年初，我接到参与撰写"中国共产党伟大精神丛书"的写作任务，在众多题目中让我产生巨大兴趣的就是甘祖昌精神。一方面的原因是，甘祖昌同志是江西人，而我与江西有着很深的缘分，内心深处有着莫名的情愫。另一方面的原因是，甘祖昌是一名普通平凡而又具有高尚品格的共产党人，又是一位戎马半生、位居高阁却又解甲归田、无私奉献的"农民将军"。从农民到将军，又从将军到农民，他的光辉事迹被编入学校教材，其精神影响了整整几代人。今天，仍然很有必要讲述其事迹，凝练其精神，并将其传承下去。作为青年学者，我们义不容辞。

　　对于甘祖昌精神的传承和弘扬，已经做了大量的工作，取得了很好的效果。既有通俗读物《将军农民甘祖昌》、电视剧《初心》、电影《有这样一位将军》等一批优秀文艺作品，也有甘祖昌干部学院等一批现实载体，还有无数在日常生活中的践行者，他们在甘祖昌精神的传承和弘扬中发挥着重要作用。我们写《甘祖昌精神》这本书，最直接的目的就是更好地去传承和弘扬甘祖昌精神，为红色基因传承、中国共产党革命精神的宣传普及做点努力。当然，认识和把握甘祖昌精神，也是认识和把握中国实际的题中之义。正如习近平总书记所指出的，"观察和认识中国，历史和现实都要看，物质和精神也都要看。……脱离了我国的历史，脱离了我国的文化，脱离了中国人的精神世界，脱离了当代中国的深刻变革，是难以正确

★ 甘祖昌精神

认识中国的"。①

在写作中,我们坚持史论结合的原则,把甘祖昌精神的生成、发展和演化过程置于甘祖昌同志个人的成长经历之中,置于中国社会发展的历史变迁和时代演进之中,也就是说,把甘祖昌精神同其现实基础有机结合起来,致力于把通俗性、思想性和学理性结合起来。在研究和写作中,我们致力于从本体论、价值论、实践论等维度对"什么是甘祖昌精神""甘祖昌精神有何价值和意义""怎样对待甘祖昌精神"等基本问题做出有理有据的回答,既在学理上进行深刻分析从而深化对甘祖昌精神的认识,也在通俗性上下功夫以推动甘祖昌精神的宣传普及,进而使甘祖昌精神转化成物质力量,形成新时代坚持和发展中国特色社会主义的强大合力。

为了写好这本兼具思想性、学理性和通俗性的著作,我们尽可能地搜集了与甘祖昌同志相关的各类出版物,并进行了适当的分工。第一章由吉铠东执笔,第二章由吉铠东、王钰鑫执笔,第三章和第四章由王钰鑫执笔,全书由王钰鑫进行统稿。这为本书的编写工作提供了很好的条件。同时,写作过程中还有幸得到江西教育出版社张延同志的诸多帮助,了解了大量关于甘祖昌同志的生平事迹及其夫人龚全珍同志的感人事迹。尤其要感谢的是甘祖昌同志的女儿甘仁荣女士,她在本书的写作和修改过程中提供了诸多帮助,两次认真审读书稿并提出具体修改意见。2019年,甘仁荣女士编著的《父亲甘祖昌》由江西教育出版社出版,披露了大量鲜活、权威的素材,为本书的写作提供了极大便利,在此特别致谢。此外,还要感谢江西师范大学硕士研究生黎丰辉、杜丽杰,在资料收集和编校中做了工作。

在这里,我想说,对甘祖昌夫妇的先进事迹,了解得越多就会越感动、越震撼,也越发觉得做这份工作很有意义。如今,这本书即将完成,也使

---

① 习近平:《出席第三届核安全峰会并访问欧洲四国和联合国教科文组织总部、欧盟总部时的演讲》,北京:人民出版社2014年版,第45页。

后记

我的心灵得到了一次又一次的洗礼，使自己进一步坚定了理想信念，更加深刻地理解了自己所从事的事业的伟大与崇高。这就是甘祖昌精神的魅力和力量。

当然，由于时间仓促，能力有限，不足之处，敬请读者谅解。

王钰鑫

2020年8月于江西南昌瑶湖之畔